Henrique Cezar
João Bosco Arbués Carneiro Júnior

FUNDAMENTOS DE INVESTIMENTOS

Freitas Bastos Editora

Copyright © 2025 by Olavo Henrique Fonseca Cezar e João Bosco Arbués Carneiro Júnior

Todos os direitos reservados e protegidos pela Lei 9.610, de 19.2.1998. É proibida a reprodução total ou parcial, por quaisquer meios, bem como a produção de apostilas, sem autorização prévia, por escrito, da Editora. Direitos exclusivos da edição e distribuição em língua portuguesa:
Maria Augusta Delgado Livraria, Distribuidora e Editora

Direção Editorial: Isaac D. Abulafia
Gerência Editorial: Marisol Soto
Diagramação e Capa: Maicon Santos
Copidesque: Lara Alves dos Santos Ferreira de Souza
Revisão: Doralice Daiana da Silva
Assistente Editorial: Larissa Guimarães

Cada capítulo apresenta questões do material elaboradas no mesmo formato dos exames do Chartered Financial Analyst (CFA). O CFA Institute não endossa, promove ou garante a precisão ou qualidade deste livro. CFA® e Chartered Financial Analyst® são marcas registradas de propriedade do CFA Institute.

Dados Internacionais de Catalogação na Publicação (CIP) de acordo com ISBD

C425f	Cezar, Henrique
	Fundamentos de investimentos / Henrique Cezar, João Bosco Arbués Carneiro Júnior. - Rio de Janeiro, RJ : Freitas Bastos, 2025.
	304 p.; 15,5cm x 23cm.
	Inclui bibliografia e índice.
	ISBN: 978-65-5675-506-9
	1. Economia. 2. Investimento. I. Carneiro Júnior, João Bosco Arbués. II. Título.
	CDD 332.024
2025-955	CDU 330.567.2

Elaborado por Odilio Hilario Moreira Junior - CRB-8/9949

Índice para catálogo sistemático:
1. Economia: Investimentos 332.024
2. Economia: Investimentos 330.567.2

Freitas Bastos Editora
atendimento@freitasbastos.com
www.freitasbastos.com

Notas sobre os Autores

Henrique Cezar: Graduado em Administração de Empresas, MBA em International Business pela California State University, Post-MBA em Finanças pela McGill University. Tem o título Chartered Financial Analyst (CFA®). Membro do CFA Institute desde 2010, foi também professor associado por quase 20 anos na Northern Vermont University. Atualmente é professor adjunto da Vermont State University e oferece preparação e orientação para candidatos aos exames CFA®.

João Bosco Arbués Carneiro Júnior: Pós-Doutor em Contabilidade e Finanças pela PUC-SP, Doutor em Desenvolvimento Regional pela Uniderp-MS, Mestre em Ciências Contábeis pela UFRJ e Graduado em Ciências Contábeis pela UFMT. É professor associado da Universidade Federal de Rondonópolis (UFR), coautor dos livros **Análise Financeira das Empresas e Demonstração dos Fluxos de Caixa**, publicados pela Editora Freitas Bastos.

Sumário

Prefácio 9
Apresentação 13
Capítulo 1: Ambiente de Investimentos 15
   1.1. Sistema Financeiro Nacional 15
   1.2 Ativos Financeiros 20
   1.3. Participantes do SFN 23
   1.4. Bolsas de Valores no Brasil 24
   1.5. Mercado Financeiro Internacional 26
   Resumo 30
   Questões e Problemas 30
   Questões Comentadas – Exames CFA® 31
Capítulo 2: Análise Macroeconômica e Setorial 35
   2.1. Estruturas de Mercado e Concentração 36
   2.2. Fatores Macroeconômicos 42
   2.3. O Ciclo Econômico 47
   2.4. Políticas Econômicas – Monetária e Fiscal 51
   2.5. Introdução às Finanças Internacionais 53
   Resumo 59
   Questões e Problemas 60
   Questões Comentadas – Exames CFA® 61
Capítulo 3: Análise de Demonstrativos Financeiros 65
   3.1. BP 66
   3.2. DRE 68
   3.3 DFC 70
   3.4. Integração dos Demonstrativos Financeiros 71
   3.5. Aplicação Prática da Análise de Demonstrativos Financeiros 76

3.6. Limitações e Desafios da Análise dos
Demonstrativos Financeiros 81
Resumo 84
Questões e Problemas... 84
Questões Comentadas – Exame CFA® 87
Capítulo 4: *Environment, Social and Governance – ESG* 91
   4.1. Avaliação de Desempenho Financeiro e *ESG*............. 96
   4.2. Integração do *ESG* na Estratégia de Investimentos .. 99
   4.3. Impacto do *ESG* nas Decisões do Mercado
Financeiro 103
Resumo 106
Questões e Problemas...106
Questões Comentadas – Exame CFA® 107
Capítulo 5: Risco, Retorno e Diversificação de Carteiras 111
   5.1. Valor do Dinheiro no Tempo...112
   5.2. Risco e Retorno 115
   5.3. Gestão e Diversificação do Portfólio............................118
   5.4. Gerenciamento de Risco 124
   5.5. Moderna Teoria da Gestão do Portfólio......................129
Resumo 132
Questões e Problemas...133
Questões Comentadas – Exames CFA® 135
Capítulo 6: Análise Técnica e Finanças Comportamentais .139
   6.1. Estratégias e Aplicações da Análise Técnica 140
   6.2. Tipos de Investidores e Eficiência de Mercado 146
   6.3. Finanças Comportamentais e Vieses Emocionais ...148
   6.4. Minimizando Vieses Emocionais e as Anomalias
de Mercado..150
   6.5. Análise Integrada 155
Resumo 157
Questões e Problemas...158
Questões Comentadas – Exames CFA® 160

Capítulo 7: Mercados e Instrumentos de Renda Fixa...........165
   7.1. Risco e Retorno em Investimentos de Renda Fixa...168
   7.2. Estratégias de Renda Fixa...171
   7.3. Curva de Juros e *Spreads*..172
   7.4. Mercado Brasileiro e Global de Renda Fixa..............177
   7.5. Instrumentos de Renda Fixa na Gestão do
   Portfólio..179
   Resumo..182
   Questões e Problemas..183
   Questões Comentadas – Exames CFA®............................185
Capítulo 8: Ações e Avaliação Patrimonial............................189
   8.1. Mercado de Ações..190
   8.2. Expectativa do Mercado de Ações............................193
   8.3. Gerenciamento do Portfólio de Ações......................197
   8.4. Métodos de Avaliação Patrimonial...........................201
   8.5. Negociação e Rebalanceamento de Carteira de
   Ações..204
   Resumo..208
   Questões e Problemas..209
   Questões Comentadas – Exames CFA®............................212
Capítulo 9: Investimentos Alternativos..................................217
   9.1. Características e Tipos de Investimentos
   Alternativos..219
   9.2. Perfil do Investidor de Investimentos Alternativos
   e a Regulamentação Brasileira...232
   9.3. Mercados e Plataformas de Negociação de
   Investimentos Alternativos..234
   9.4. Análise da *Performance*, Risco e Retorno de
   Investimentos Alternativos..234
   9.5. Tendências Futuras e Perspectivas de
   Investimentos Alternativos..237
   Resumo..238

Questões e Problemas 240
Questões Comentadas – Exames CFA® 241
Capítulo 10: Derivativos 245
   10.1. Classes e Instrumentos de Derivativos.....................246
   10.2. Perfil do Investidor e Requisitos para Investir em Derivativos...257
   10.3. Mercados de Negociação de Derivativos..................258
   10.4. Análise de *Performance*, Riscos e Retornos de Derivativos...259
   10.5. Tendências Futuras e Perspectivas para o Mercado de Derivativos..261
   Resumo 264
   Questões e Problemas..266
   Questões Comentadas – Exames CFA® 267
Capítulo 11: *Fintech*..271
   11.1. Introdução...272
   11.2. *Fintech* no Mercado Financeiro 273
   11.3. Aplicações de *Fintech* no Mercado Financeiro.......274
   11.4. *Machine Learning* e Análise de Dados 277
   11.5. Tendências Futuras e as Perspectivas para o Mercado Financeiro com as *Fintechs*................................278
   Resumo 280
   Questões e Problemas..281
   Questões Comentadas – Exames CFA® 282
Respostas dos Problemas..285
Referências...299

Prefácio

Nos tempos atuais, os mercados financeiros estão se tornando cada vez mais complexos e interconectados. Deste modo, a certificação *Chartered Financial Analyst* – CFA® tornou-se um marco de excelência e um padrão para profissionais no setor de investimentos. Estudar o conteúdo do CFA® e conquistar a certificação é um diferencial notório para aqueles que aspiram a se destacar em finanças, pois proporciona uma compreensão abrangente de áreas críticas, como padrões éticos, análise econômico-financeira, análise de relatórios contábeis, entendimento dos ciclos econômicos, desenvolvimento de métodos quantitativos, gestão de portfólio, princípios de investimento, dentre outros. O amplo e aprofundado currículo dos Níveis 1, 2 e 3 não só aprimora a proficiência técnica, mas também promove uma abordagem disciplinada à tomada de decisões financeiras, garantindo que os profissionais certificados estejam bem preparados para enfrentar os desafios de um ambiente dinâmico e em constante evolução.

Este livro oferece uma cobertura sucinta, destacando os principais pontos de cada tópico abordado nos Níveis 1 e 2 do currículo do CFA®. Ele apresenta, de forma acessível e concisa, esse vasto conteúdo com o intuito de assistir o leitor na busca de conhecimento sobre o universo das finanças e dos investimentos. Ao apreciarem este livro, eles encontrarão uma análise detalhada do ambiente de investimentos, destacando, de forma inédita, a relação entre o conteúdo do CFA® e os sistemas financeiros brasileiro e internacional, algo que não é abordado no conteúdo original do CFA®, uma vez que se trata de uma certificação global.

Nesse sentido, o livro oferece uma introdução ampla aos principais ativos financeiros e participantes do mercado. Por conseguinte, explora a análise macroeconômica e setorial, abordando estruturas de mercado, fatores macroeconômicos e políticas econômicas fundamentais. A seção sobre análise de demonstrativos financeiros proporciona uma compreensão prática e teórica dos principais relatórios financeiros, enquanto os capítulos dedicados a ESG, risco e retorno, e diversificação de carteiras oferecem *insights* modernos e pertinentes para a gestão de investimentos. A inclusão de tópicos como "finanças comportamentais", "análise técnica", "renda fixa", "ações", "investimentos alternativos", "derivativos" e "*fintechs*" assegura que os leitores obtenham uma visão holística e atualizada do campo financeiro. Esta obra serve como uma valiosa ferramenta de estudo para aspirantes ao CFA®, além de ser um recurso indispensável para qualquer profissional que busca aprofundar seu conhecimento e aprimorar suas habilidades no mundo das finanças.

Um dos pontos fortes deste livro é apresentar, resumidamente, o conteúdo que é abordado e estudado no currículo do CFA® (Níveis 1 e 2), demonstrando uma capacidade incrível de condensar o conteúdo, preservando as principais ideias e ainda concatenando os diversos temas estudados, desde os assuntos mais consolidados até os temas mais atuais (como ESG, *fintechs, machine learning*). Uma característica que destaca o intuito de facilitar a vida do leitor e/ou estudante é o fato de que o conteúdo foi majoritariamente escrito em português do Brasil – uma vez que materiais, conteúdos, pesquisas e análises sobre finanças, investimentos e mercados financeiros são raros em língua portuguesa (BR), ainda mais com um nível de conhecimento técnico de tanta qualidade e referência. Ademais, o livro inclui perguntas e respostas, com perguntas redigidas em inglês e suas respostas em português, o que auxilia os aspirantes ao título de CFA® a capturar e entender diversos termos técnicos, expressões e jargões utilizados na língua inglesa. Ao final de cada macrotópico, é apresentado um resumo com as abordagens de maior destaque de cada tema, ajudando na fixação e na compreensão.

Não tenho dúvida de que auxiliará os potenciais candidatos ao título do CFA® que estejam em dúvida e que gostariam de obter mais detalhes sobre o seu conteúdo antes de iniciar a jornada de estudos. Além disso, ele demonstra claramente que o CFA® não é algo inacessível ou impossível de aprender, mas confirma que, com dedicação e afinco, os candidatos têm grandes chances de alcançar a mais prestigiada e renomada certificação do mercado financeiro. O leitor também perceberá como o conteúdo do CFA® tem uma altíssima aplicação prática, diferenciando-se significativamente de outros cursos. Por meio deste livro, você aprenderá o que realmente importa e o que será usado na prática profissional.

Por fim, gostaria de agradecer ao Henrique Cezar e ao João Bosco por terem tido a iniciativa de difundir, no Brasil, este conteúdo do CFA®, que é provido de tanto conhecimento, técnica, especialização e que, ainda, consolida todas as ferramentas do universo das finanças e dos investimentos em um único compilado de livros, de forma muito bem estruturada. Não tenho dúvidas de que esta obra assistirá à geração atual e às futuras na busca por conhecimento de altíssimo nível e ao título CFA®.

Maurício Arnoni Júnior, CFA
Gerente de Asset Management, Autonomy Investimentos

Apresentação

O livro **Fundamentos de Investimentos** foi elaborado para ser um guia abrangente e atualizado, utilizado em cursos de graduação e de pós-graduação que buscam adquirir conhecimentos sólidos do mercado financeiro, das estratégias de investimentos e dos principais produtos deste mercado.

Esta obra foi cuidadosamente desenvolvida para oferecer uma abordagem integrada dos principais conceitos e práticas do mercado de investimentos. Ao longo de 11 capítulos, os leitores serão guiados desde a introdução ao mercado financeiro até tópicos atuais, como investimentos alternativos e *fintechs*. Exploramos títulos, ações, derivativos e instrumentos alternativos, oferecendo *insights* valiosos sobre suas características, riscos e potenciais retornos. A análise técnica é abordada em detalhes, fornecendo uma compreensão das ferramentas e técnicas utilizadas para avaliar tendências e padrões de mercado. Por fim, trazemos a discussão do papel das *fintechs* e outras inovações tecnológicas no cenário dos investimentos, destacando como essas mudanças estão transformando o setor.

Escrito com clareza e objetividade, este livro é acompanhado por exemplos práticos e questões baseadas no material e no formato dos exames do *Chartered Financial Analyst* (CFA®),[1] tornando-o útil para uso em sala de aula ou para estudo inde-

---

[1] O CFA Institute, organizador dos exames CFA®, não autoriza e tampouco divulga as suas questões oficiais. Porém, as questões apresentadas neste livro foram baseadas no material oficial de estudo dos exames CFA®, escritas em inglês, refletindo o mesmo formato e grau de dificuldade das questões do exame real.

pendente. Com o intuito de aproximar o leitor ao exame do CFA®, as questões foram elaboradas na língua inglesa, sendo suas respostas e respectivos comentários escritos em português. Entendemos que, assim, podemos contribuir para um melhor aprendizado e assimilação do conteúdo. Um ponto a destacar é que algumas ilustrações podem seguir o padrão GAAP (*Generally Accepted Accounting Principles*), enquanto outras podem seguir o IFRS (*International Financial Reporting Standards*). No entanto, isso não impacta o conteúdo, pois são utilizadas apenas para fins ilustrativos.

Desejamos que os leitores encontrem nesta obra uma fonte confiável de conhecimento e orientação, preparando-os para enfrentar os desafios e as oportunidades do mercado financeiro global.

Capítulo 1: Ambiente de Investimentos

Objetivos de Aprendizado:

1. Compreender a estrutura e os elementos essenciais do Sistema Financeiro Nacional (SFN) brasileiro.
2. Conhecer os principais ativos financeiros e entender sua importância no contexto econômico.
3. Reconhecer os principais participantes do SFN, incluindo instituições financeiras, reguladores e órgãos governamentais.
4. Explorar o papel das bolsas de valores no SFN e como elas facilitam a negociação de ativos.
5. Comparar o SFN do Brasil com os Mercados de Capital Internacionais.

Iniciamos este livro com um capítulo introdutório que objetiva discutir e trazer o leitor para o ambiente de investimento. Apresentamos o SFN e os principais tipos de ativos do setor. Descrevemos os participantes do SFN, suas funções e objetivos. Em uma seção específica, caracterizamos as Bolsas de Valores no Brasil, enfatizando suas particularidades. Por fim, o Mercado Financeiro Internacional é introduzido no contexto do ambiente financeiro.

1.1. Sistema Financeiro Nacional

O primeiro ponto deste capítulo é explorar o SFN e sua importância para a intermediação financeira, entender como o SFN é estruturado, seus principais objetivos e como ele desempenha um papel crucial na economia do país. Esse conhecimento fundamental estabelecerá as bases para compreender os detalhes subsequentes sobre produtos, participantes e bolsas do SFN.

O SFN é um conjunto de entidades que engloba diversas instituições financeiras públicas e privadas, interligadas para promover um funcionamento eficiente da economia. Ele é responsável por intermediar recursos entre quem tem dinheiro – os poupadores – e quem precisa – os tomadores (investidores) –, impulsionando o desenvolvimento econômico do país. Os poupadores e os investidores também são conhecidos como Participantes do Mercado Financeiro.

Na Figura 1.1, podemos visualizar, de forma resumida, a estrutura atual do SFN.

Figura 1.1 – Estrutura do SFN.

Fonte: Banco Central do Brasil.

Observamos, na Figura 1.1, que a estrutura do SFN é composta por entidades normativas, tais como o Conselho Monetário Nacional (CMN), a Comissão de Valores Mobiliários (CVM) e o Banco Central do Brasil (BCB), e os agentes de intermediação financeiras, tais como bancos, corretoras e bolsas de valores.

O CMN é o órgão máximo do SFN, ele define as diretrizes que regulam e norteiam o funcionamento do mercado financeiro. É constituído pelo Ministro da Fazenda (Presidente), pelo Ministro do Planejamento e Orçamento e pelo Presidente do BCB. É responsável pela formulação da política de moeda e de crédito. Sua finalidade é a estabilidade da moeda e o desenvolvimento econômico e social do país.

• **BCB**

O BCB atua como regulador do SFN, garantindo sua integridade, estabilidade e eficiência. O BCB emite a moeda nacional (Real), controla a política monetária e regulamenta as instituições financeiras. Sua principal função é zelar pela estabilidade dos preços e promover um sistema financeiro sólido. Isso é feito de três maneiras: ajuste da taxa básica de juros, ajuste nas reservas do sistema bancário e compra e venda de títulos do governo, como as Obrigações do Tesouro Nacional (OTN).

Exemplificando, quando o BCB ajusta a taxa básica de juros (Selic), afeta diretamente o custo do dinheiro no mercado. Se a Selic sobe, os empréstimos podem ficar mais caros, desacelerando a economia para controlar a inflação. Se o BCB reduz o requerimento das reservas bancárias, bancos podem fazer mais empréstimos com os depósitos que têm, aumentando o dinheiro em circulação e, consequentemente, expandindo a economia. Uma terceira via para aumentar ou diminuir a circulação de dinheiro na economia seria vender títulos do governo brasileiro aos bancos, reduzindo as reservas bancárias, ou comprando títulos dos bancos e aumentando as reservas. Reservas altas (baixas) aumentam (reduzem) o montante de empréstimos bancários e, consequentemente, a economia expande (contrai), tirando o país de um período de inflação (recessão).

• CVM

As agências reguladoras desempenham um papel crítico no SFN, zelando pela transparência, ética e segurança das operações financeiras. No Brasil, a CVM atua na regulamentação dos produtos financeiros, garantindo a transparência e a segurança dos mercados. Ela estabelece regras e fiscaliza a conduta das empresas e instituições financeiras que oferecem esses produtos.

Ao regulamentar o mercado de valores mobiliários, a CVM assegura que as informações fornecidas aos investidores sejam claras e precisas. Isso promove a confiança no sistema financeiro, essencial para o bom funcionamento dos mercados.

A CVM é responsável pela regulamentação do mercado de valores mobiliários. Quando uma corretora de valores deseja operar no mercado, ela deve seguir as normas estabelecidas pela CVM. Isso inclui a divulgação adequada de informações aos investidores, garantindo que eles tomem decisões informadas.

• Instituições Financeiras

As instituições financeiras são peças-chave no SFN. Elas se dividem em dois grupos: as instituições monetárias, como bancos de varejo, e as instituições não monetárias, como cooperativas de crédito e corretoras. Tomemos como exemplo: O Banco do Brasil recebe depósitos de clientes – captando recursos – e concede empréstimos a empresas e indivíduos – emprestando recursos –, facilitando a circulação do dinheiro na economia, garantindo que empresas possam investir em insumos e produção, gerando emprego, aumento no Produto Interno Bruto (PIB) e contribuindo mais com impostos.

• Objetivos do SFN

Como explicado no objetivo de aprendizado 1, o SFN possui objetivos essenciais que visam manter a integridade do mercado financeiro, garantir a estabilidade econômica e promover o desenvolvimento do país. Esses objetivos são fundamentais para criar um ambiente sólido e confiável para as transações financeiras e para impulsionar o crescimento econômico de forma sustentável.

• Manutenção da Integridade do Mercado Financeiro

A integridade do mercado financeiro refere-se à transparência, eficiência e confiança nas operações financeiras. O SFN busca assegurar que as instituições financeiras e os participantes do mercado atuem de maneira ética e transparente, e que as regras do jogo sejam justas e coerentes para qualquer participante. Isso garante a transparência e a eventual eficiência do mercado financeiro.

A CVM contribui para garantir a integridade do mercado de capitais. Ao estabelecer regras e fiscalizar as operações, a CVM promove um ambiente no qual os investidores podem confiar que as informações divulgadas pelas empresas são precisas e confiáveis. Uma dessas regras impõe punições para manipulação do mercado. A punição para *insider trading*, por exemplo, ocorre nas esferas administrativas e criminais.

• Estabilidade Econômica

A estabilidade econômica é um objetivo-chave do SFN. O BCB desempenha um papel central nesse aspecto, monitorando indicadores como inflação, taxas de juros e crescimento econômico, usando uma das três formas mencionadas.

Por exemplo, quando o BCB ajusta a taxa básica de juros (Selic) para controlar a inflação, contribui para a estabilidade econômica. Uma inflação controlada proporciona previsibilidade aos agentes econômicos, incentivando investimentos e planejamento a longo prazo. Uma Selic alta, por exemplo, reduz o uso do cartão de crédito, diminuindo o consumo e, consequentemente, colocando um freio em um período inflacionário. Nesse caso, uma inflação de consumo.

• **Promoção do Desenvolvimento Econômico**

Além de manter a estabilidade, o SFN busca fomentar o desenvolvimento econômico. Isso inclui facilitar o acesso a crédito para empresas e indivíduos, estimulando investimentos e impulsionando o crescimento econômico sustentável. Os bancos de desenvolvimento, como o Banco Nacional de Desenvolvimento Econômico e Social (BNDES), são peças-chave na promoção do desenvolvimento econômico. Eles oferecem condições favoráveis de financiamento para projetos que contribuem para o avanço de setores estratégicos, como infraestrutura e inovação.

Introduzimos os principais pontos do SFN, destacando a importância das instituições financeiras, o papel crucial do BCB e a presença de órgãos normativos. No próximo tópico, exploraremos os produtos do SFN e seus participantes.

1.2 Ativos Financeiros

Dentro do SFN, uma ampla variedade de produtos financeiros está disponível para atender às diferentes necessidades dos investidores. Esses produtos representam formas pelas quais as pessoas podem investir e fazer seu dinheiro trabalhar para elas. Vamos explorar a importância dos produtos financeiros no financiamento da economia e na gestão de riscos.

Títulos e ações fornecem meios para empresas e governos captarem recursos, enquanto os instrumentos derivativos permitem a gestão estratégica de riscos.

- **Títulos de Dívida**

Os títulos são instrumentos de renda fixa que representam um empréstimo feito pelo investidor ao emissor do título. Em troca, o investidor recebe juros e, ao final do prazo, o valor principal investido. Dentre os títulos, destacam-se os emitidos pelo governo e por empresas. Os Títulos do Tesouro Nacional (Tesouro Direto) são emitidos pelo governo brasileiro. Ao adquiri-los, os investidores emprestam dinheiro ao governo em troca de juros. O Tesouro IPCA, por exemplo, paga uma taxa fixa mais a variação da inflação. Os títulos são classificados em pré e pós-fixados, de acordo com a forma como serão remunerados.

- **Ações**

As ações representam uma parcela de propriedade em uma empresa. Ao adquirir ações, os investidores tornam-se acionistas e têm direito a participar dos seus lucros, seja por meio de dividendos ou pela valorização das ações no mercado. Se um investidor compra ações da empresa XPTO, ele se torna proprietário de uma pequena parte dela. Caso a XPTO obter lucros, o investidor pode receber dividendos. Se as ações se valorizam, ele pode vendê-las por um preço mais alto do que pagou. As ações são classificadas em ordinárias e preferenciais. Além disso, sua negociação é feita nos mercados primário e secundário.

- **Instrumentos Derivativos**

Os instrumentos derivativos são contratos financeiros cujos valores derivam de ativos subjacentes, como *commodities*, índices de ações ou taxas de juros, opções. Eles são utilizados para gerenciar riscos ou buscar oportunidades de investimento. Um contrato de opção é um instrumento derivativo que concede ao seu detentor o direito, mas não a obrigação, de comprar ou vender um ativo a um preço predeterminado em uma data futura. Isso permite que investidores se protejam contra variações de preços ou especulem sobre movimentos de mercado.

- **Investimentos Alternativos**

Investimentos alternativos referem-se a outros tipos de investimento além dos tradicionais ações e títulos. Essas opções buscam diversificar portfólios, oferecendo potencial de retorno e reduzindo a correlação com os títulos convencionais. Exemplos incluem: *private equity*, *venture capital*, *hedge funds*, imóveis e *commodities*. Esses investimentos podem ser aplicados para mitigar riscos, alcançar retornos mais elevados e oferecer proteção contra volatilidades de mercado. Por meio do acesso a classes de ativos menos correlacionadas, os investidores buscam construir portfólios mais diversificados.

- **Ativos Financeiros utilizados na Economia**

Os produtos financeiros são determinantes no financiamento da economia, permitindo que empresas e governos captem recursos para investimentos e operações. Os Títulos, por exemplo, representam uma maneira eficiente para o governo e empresas levantarem dinheiro. Quando o governo emite títulos, como o Tesouro Direto, está levantando fundos para financiar projetos e programas. Investidores compram esses títulos, fornecendo ao governo os recursos necessários. Isso é essencial para o funcionamento de serviços públicos e projetos de infraestrutura.

Uma empresa que decide abrir seu capital e listar ações na Bolsa de Valores está permitindo que o público compre partes de sua propriedade. Os recursos levantados por meio da venda de ações podem ser usados para financiar novos projetos, pagar dívidas ou expandir operações.

Além de financiar a economia e ajudar países a crescerem, os produtos financeiros são essenciais na gestão de riscos. Instrumentos derivativos, como contratos de opções e futuros, oferecem maneiras de proteger-se contra movimentos desfavoráveis nos mercados financeiros.

Como exemplo, considere um produtor rural preocupado com a volatilidade nos preços das *commodities*. Ele pode usar contratos futuros para fixar o preço de venda antecipadamente, protegendo-se contra oscilações nos preços de seus produtos ou de insumos.

1.3. Participantes do SFN

O mercado financeiro tem como uma de suas finalidades a promoção do encontro entre pessoas que necessitam de capital (tomadores) e as que desejam investir capital (investidores), realizando, assim, o processo de investimentos.

Apresentaremos os principais participantes do SFN. Bancos comerciais exercem um papel central no fluxo de dinheiro na economia; corretoras de valores facilitam as transações no mercado de capitais; e as agências reguladoras, como a CVM e o BCB, garantem a transparência e a segurança do sistema. Compreender esses participantes é fundamental para quem busca entender o mundo dos investimentos.

- **Bancos Comerciais**

Os bancos comerciais são peças-chave no SFN, atuando como intermediários entre os poupadores e os tomadores de empréstimos. Eles recebem depósitos de clientes e concedem empréstimos a empresas e indivíduos, facilitando a circulação do dinheiro na economia.

Um indivíduo deposita seu salário em um banco; esse dinheiro, em vez de ficar parado, é utilizado pela instituição para conceder empréstimos a uma empresa que deseja expandir suas operações. Assim, os bancos comerciais contribuem na promoção do investimento e do crescimento econômico.

• **Corretoras de Valores**

As corretoras de valores são instituições que permitem aos investidores comprarem e venderem títulos, como ações e títulos de renda fixa, no mercado de capitais. Elas conectam os investidores ao ambiente de negociação, proporcionando liquidez e facilitando as transações.

Por exemplo, se um investidor deseja comprar ações de uma empresa listada na Bolsa de Valores, ele realiza essa transação por meio de uma corretora. Esta executa a ordem de compra, garantindo que o investidor obtenha as ações desejadas e que o vendedor receba o pagamento.

1.4. Bolsas de Valores no Brasil

As bolsas de valores são centros onde investidores compram e vendem títulos, como ações e títulos de renda fixa. Elas são fundamentais no mercado financeiro, proporcionando um ambiente organizado para a negociação de instrumentos financeiros.

No Brasil, a principal bolsa de valores é a B3 (Brasil, Bolsa, Balcão). Nela, investidores se reúnem eletronicamente para comprar e vender títulos. A B3 fornece a infraestrutura necessária para que essas transações ocorram de maneira eficiente e segura.

A B3 é uma das maiores da América Latina. Localizada em São Paulo, desempenha um papel crucial no mercado financeiro brasileiro, oferecendo uma plataforma para a negociação de diversos ativos, tais como:

– Ações: a B3 é o principal mercado acionário do país, onde empresas de diversos setores têm suas ações listadas e negociadas.

– Derivativos: oferece um robusto mercado de instrumentos derivativos, incluindo contratos futuros e opções, permitindo aos investidores realizarem operações estruturadas.

– Renda fixa: a B3 possui um segmento dedicado à negociação de títulos de renda fixa, como debêntures e Certificados de Depósito Bancário (CDB).

Os principais participantes na B3 são as Corretoras de Valores, que agem como intermediárias entre investidores e a bolsa – permitindo que estes realizem suas operações –, e os Investidores Individuais e Institucionais, que participam diretamente do mercado, comprando e vendendo ativos. A B3 é regulamentada pela CVM, assegurando que as operações sejam transparentes e os investidores estejam protegidos.

Quando a bolsa abre, ocorre um leilão de abertura, um período no qual os investidores podem enviar suas ordens de compra e venda. Esse mecanismo estabelece o preço de abertura para cada título, garantindo um início ordenado das negociações.

A Bolsa de Mercadorias e Futuros (BM&F) foi integrada à B3 em 2017, formando um dos maiores centros de negociação de derivativos do mundo. Ela se destaca por oferecer contratos futuros sobre diversos ativos, permitindo a gestão de riscos e a especulação financeira. Os principais ativos negociados na BM&F são:

• Contratos futuros: negociação de contratos que estabelecem a compra ou venda de um ativo em uma data futura, proporcionando instrumentos para proteção contra variações de preços.

- *Commodities*: destaque para a negociação de contratos futuros de *commodities*, como café, boi gordo e soja, atendendo às demandas dos setores agrícola e agroindustrial.
- Moedas e índices: além de *commodities*, a BM&F oferece contratos futuros de moedas estrangeiras e índices.

1.5. Mercado Financeiro Internacional

Aqui, vamos comparar o SFN com os Mercados de Capital Internacionais, focando especificamente nos Estados Unidos e na Europa. Isso proporcionará uma compreensão mais ampla das diferenças e semelhanças entre os mercados financeiros.

- **Mercado Financeiro dos Estados Unidos**

Nos Estados Unidos, o mercado financeiro é supervisionado por várias entidades reguladoras, cujo papel é garantir a integridade, a transparência e a eficiência desse ambiente financeiro complexo. Destacaremos algumas das principais organizações responsáveis por essa supervisão:

1) A *Securities and Exchange Commission* (SEC) é uma das entidades mais proeminentes e influentes. Sua missão é proteger os investidores, manter a integridade do mercado e facilitar a formação de capital. A SEC regula a emissão e a negociação de títulos, exigindo divulgações precisas das empresas e instituições financeiras. Isso é crucial para que os investidores tomem decisões informadas.

2) O *Financial Industry Regulatory Authority* (FINRA) é uma organização autorreguladora do setor financeiro que atua sob a supervisão da SEC. Seu foco principal é regulamentar as atividades das corretoras e seus profissionais. Ela estabelece padrões éticos e práticas comerciais justas, garantindo a integridade do mercado e a proteção dos investidores.

3) A *Commodity Futures Trading Commission* (CFTC) opera na regulação de derivativos e mercados de *commodities*. Sua atuação visa prevenir práticas fraudulentas e assegurar a transparência nos mercados financeiros.

4) O *Federal Reserve* (FED) é a autoridade monetária dos Estados Unidos. Assim como o BCB, o FED é responsável por formular e executar políticas monetárias. Embora sua função principal seja gerenciar a oferta de dinheiro e as taxas de juros, suas decisões têm impacto significativo nos mercados financeiros do mundo todo.

Em resumo, as entidades reguladoras nos Estados Unidos desempenham um papel crítico na supervisão do mercado de capitais, garantindo sua integridade e protegendo os investidores. A regulação contribui para a transparência e a confiança, pilares essenciais para o funcionamento eficiente e justo do sistema financeiro.

- **Principais Bolsas de Valores nos EUA e no Mundo**

A seguir, destacamos algumas das principais bolsas mundiais:

1) Bolsa de Valores de Nova York (NYSE): a NYSE é a maior do mundo em termos de **capitalização** de mercado. Localizada em Wall Street, Nova York, ela abriga ações de muitas das maiores empresas globais, sendo conhecida por seus pregões físicos e ícones financeiros.

2) NASDAQ: focada em empresas de tecnologia e inovação, é uma bolsa eletrônica que se destaca por listar gigantes tecnológicas como Apple, Amazon e Google. Suas transações são realizadas de forma eletrônica, refletindo a evolução tecnológica nos mercados financeiros.

3) CME Group: o Chicago Mercantile Exchange Group é um dos principais mercados globais de derivativos, oferecendo

produtos do mercado de futuros e opções em várias classes de ativos.

4) Bolsa de Valores de Tóquio (TSE): é a principal bolsa de valores do Japão, ocupa uma posição central no cenário financeiro asiático. É reconhecida por listar empresas líderes em setores como automotivo e eletrônico.

5) Bolsa de Valores de Hong Kong (HKEX): como centro financeiro na Ásia, a HKEX realiza negociações de ações e derivativos. Sua localização estratégica a torna uma ponte crucial entre os mercados ocidentais e asiáticos.

6) Tadawul – Bolsa de Valores da Arábia Saudita, Tadawul (pronúncia: *ta-da-ul*) é a maior bolsa de valores do Oriente Médio, superando a Dubai Financial Market (DFM) em capitalização de mercado, número de empresas listadas e volume de negociação. Situada em Riad, desempenha um papel central na economia da região.

7) Bolsa de Valores Nacional da Índia (NSE): é uma das principais bolsas do país e representa um dos mercados financeiros mais dinâmicos da Ásia. Com sede em Mumbai, a NSE atua no comércio de ações, derivativos e títulos na Índia.

- **Produtos dos Mercados Financeiros Internacionais**

Ao explorar os mercados financeiros internacionais, identificamos produtos financeiros que são comuns em muitas partes do mundo, mas que não estão presentes no cenário brasileiro. Vamos examinar alguns deles e, em seguida, avaliar como sua inclusão pode impactar as estratégias de investimento de um investidor brasileiro.

1) *Real Estate Investment Trusts* (REITs) – nos Estados Unidos, REITs são instrumentos de investimento que pos-

sibilitam a participação em projetos imobiliários sem a necessidade direta de compra de propriedades. Eles oferecem dividendos e diversificação no setor imobiliário.

2) *Master Limited Partnerships* (MLPs) – populares nos EUA, os MLPs são estruturas de parcerias que oferecem benefícios fiscais e oportunidades de investimento no setor de energia, como oleodutos e gasodutos.

3) *Exchange-Traded Funds* (ETFs) – em alguns mercados, existem ETFs que rastreiam setores específicos, como tecnologia, inteligência artificial ou energias renováveis, proporcionando exposição a nichos de mercado específicos.

4) Structured Investment Products – produtos de investimento estruturados oferecem combinações únicas de ativos, como os chamados *Asset Backed Securities* (ABS), que estruturam títulos de dívidas em ativos de diferentes classes de riscos.

A diversificação por meio da inclusão de produtos financeiros internacionais oferece oportunidades significativas para os investidores brasileiros, como destacado abaixo:

1) Diversificação geográfica e setorial – a inclusão desses produtos permitiria aos investidores brasileiros diversificarem suas carteiras para além das fronteiras do país e setores locais. A correlação desses ativos com ativos domésticos é baixa, proporcionando redução de risco.

2) Exposição a setores específicos – produtos como REITs e MLPs oferecem acesso a setores específicos, como imobiliário e energia, que podem não estar representados de maneira semelhante no mercado brasileiro. Isso permite uma exposição mais direta a áreas de interesse.

3) Gestão de riscos e oportunidades fiscais – a inclusão de produtos financeiros internacionais além de reduzir o risco pela diversificação, pode proporcionar ganhos adicionais

em eficiência de imposto sobre o lucro e a possibilidade de ganho com variação cambial.

4) Acesso a novas oportunidades de crescimento – a inclusão de produtos financeiros internacionais oferece oportunidades para investir em setores e regiões que podem apresentar crescimento mais acelerado do que o mercado brasileiro em determinados períodos.

A diversificação por meio da inclusão de produtos financeiros internacionais oferece oportunidades significativas para os investidores brasileiros. No entanto, é crucial abordar essa estratégia com uma compreensão sólida dos produtos específicos, seus riscos, e como eles se encaixam nos objetivos gerais de investimento. O aprimoramento da educação financeira e a busca por orientação profissional são passos essenciais nesse processo.

Resumo

Este capítulo forneceu uma base sobre o SFN do Brasil, desde sua estrutura até os principais produtos e participantes, assim como as principais funções dos participantes e órgãos reguladores. Terminamos apresentando os Mercados de Capital Internacionais, destacando diferenças e semelhanças com o SFN. Também ressaltamos os principais mercados internacionais, bem como ativos específicos de outros países. Por fim, foi apresentada uma abordagem sobre a importância em adicionar ativos internacionais em portfólios domésticos.

Questões e Problemas

1. Quais são os principais objetivos do SFN do Brasil?
2. Explique a importância das bolsas de valores no contexto do SFN.

3. Quais são os produtos financeiros comuns nos mercados internacionais que não estão presentes no Brasil?

4. Como as entidades reguladoras nos Estados Unidos contribuem para a transparência do mercado de capitais?

5. Compare o papel dos participantes nos mercados de capitais do Brasil e dos Estados Unidos.

Questões Comentadas – Exames CFA®

1. An investor buys a stock priced at $50 using a margin account with a 40% margin requirement. What is the initial margin amount the investor must provide?

A) $20

B) $50

C) $20

Comentário: Compra "*on margin*" refere-se à compra de ativos financeiros utilizando fundos emprestados do corretor. Essa técnica permite que os investidores comprem uma quantidade maior de ações do que poderiam com seu próprio capital, mas também envolve um risco maior. Na questão, com uma margem de 40%, o investidor precisa depositar 40% do valor total da compra como garantia inicial. Se o investidor compra uma ação a $50, o cálculo da margem é: 40% de $50 = 0,40 * $50 = $20. **Resposta: C**.

2. Which of the following is traded on a stock exchange?

A) REIT.

B) A future contract on a stock.

C) Private Equity.

Comentário: Real Estate Investment Trusts são fundos imobiliários negociados em bolsas de ações (*stock exchanges*), como a NYSE. Contratos futuros são negociados em uma bolsa mercantil como a CBOE e *private equity* são negociados diretamente entre as partes envolvidas. **Resposta: A**.

3. Which of the following statements best describes a key difference between the equity market and the bond market?
A) Equity markets involve higher risk and potentially higher returns compared to bond markets.
B) The bond market offers ownership stakes in companies, whereas the equity market offers loans to those companies.
C) Both markets offer the same level of liquidity and investment risk.
Comentário: Os mercados de ações oferecem a chance de ganhar mais porque você pode se tornar proprietário de uma empresa, mas também há mais risco se ela não for bem. Já nos mercados de obrigações o investimento é mais seguro, pois você empresta dinheiro à empresa e recebe juros fixos, além do seu dinheiro de volta depois de um tempo, não importando se a empresa lucra muito ou pouco. **Resposta: A**.

4. Which of the following best describes the function of derivatives in financial markets?
A) Derivatives serve as primary investment vehicles offering direct ownership of physical or financial assets.
B) Derivatives provide more predictable risks and returns compared to stocks and bonds.
C) Derivatives are financial instruments whose value is derived from other assets, and can be used for hedging or speculation.
Comentário: Os derivativos são instrumentos financeiros cujo valor depende de outros ativos, como moedas, taxas de juros, *commodities* ou ações. Eles são usados princi-

palmente para proteção contra riscos (*hedging*), ajudando a minimizar possíveis perdas causadas por flutuações nos preços desses ativos. Além disso, podem ser utilizados para especulação, permitindo que investidores apostem nas direções futuras dos preços dos ativos subjacentes para obter lucros. Apesar de sua utilidade, o uso de derivativos envolve riscos significativos, especialmente quando usados para especulação. **Resposta: C**.

5. Where can an investor typically purchase a hedge fund investment?
A) Through a public stock exchange, like the NYSE or NASDAQ.
B) Directly from the hedge fund or through specialized financial advisors and platforms that offer access to accredited investors.
C) At a retail bank along with traditional saving accounts and certificates of deposit (CDs).
Comentário: Investimentos em *hedge funds* são considerados como investimentos alternativos e não são vendidos em bolsas de valores ou bancos comuns. Eles são comprados diretamente dos gestores dos fundos aos chamados investidores qualificados porque são mais complexos e arriscados.
Resposta: B.

Capítulo 2: Análise Macroeconômica e Setorial

Objetivos de Aprendizado:

1. Compreender os elementos essenciais das diferentes estruturas de mercado e explicar por que a dinâmica entre elas é importante para o profissional de finanças.
2. Identificar os principais indicadores econômicos e a importância deles nos movimentos do mercado financeiro.
3. Reconhecer os indicadores predominantes do ciclo econômico e o impacto deles na tomada de decisões sobre investimentos.
4. Explicar o papel do governo federal e do BCB na condução da política fiscal e monetária e seu impacto no mercado financeiro.
5. Entender as relações comerciais entre países e reconhecer a importância e o impacto que a geopolítica tem nas decisões de investimento.

Este capítulo tem como objetivo apresentar a descrição das estruturas de mercado, abrangendo concorrência perfeita, monopólio, oligopólio e concorrência monopolística. Em seguida, abordamos a interpretação de indicadores macroeconômicos essenciais, como inflação, produto interno bruto (PIB) e taxa de desemprego. Exploramos os conceitos de oferta e demanda agregadas, analisando fatores determinantes e seus impactos. Discutimos os efeitos econômicos das mudanças na oferta e demanda agregadas, bem como políticas macroeconômicas de estabilização, destacando a importância da conexão entre cenários macroeconômicos e o impacto nas decisões de investimento, além das estratégias de investimento a serem usadas em cada cenário. Também apresentamos e discutimos o ciclo econômico, suas fases e seus indicadores. As políticas econômicas, com ênfase nas políticas monetárias e fiscais são trazidas e discutidas ao longo do capítulo. Por fim, são introduzidos os principais conceitos de finanças internacionais e suas implicações no setor.

2.1. Estruturas de Mercado e Concentração

Este tópico faz uma análise das estruturas de mercado, proporcionando uma compreensão abrangente do panorama econômico. Ao explorar as diversas estruturas, desde a concorrência perfeita até o monopólio, examinaremos suas características distintivas, os comportamentos dos agentes e as implicações econômicas de cada uma, destacando a conexão entre esses elementos e as decisões de investimento.

- **Concorrência Perfeita**

A concorrência perfeita é uma estrutura caracterizada por inúmeras empresas, todas produzindo um produto homogêneo, com livre entrada e saída no mercado e transparência de informações.

O comportamento dos agentes econômicos, tanto compradores quanto vendedores, é fundamental nesse contexto. Os compradores assumem o papel de tomadores de preço, enquanto os vendedores ajustam suas produções de acordo com essas variáveis. A concorrência é intensa, e cada empresa individual não possui domínio de mercado significativo. Os preços são determinados pelo ponto de equilíbrio entre oferta e demanda, por isso o termo "tomadores de preço". Os destaques dessa estrutura de mercado são a eficiência e a garantia do preço mais baixo que satisfazem tanto os compradores quanto os vendedores.

Na vida real, podemos encontrar um exemplo de concorrência perfeita em uma feira livre, onde inúmeros feirantes vendem o mesmo produto.

- **Monopólio**

O monopólio é uma estrutura de mercado caracterizada pela presença de apenas um vendedor ou produtor que detém o controle exclusivo sobre um produto ou serviço.

As características distintivas do monopólio incluem a ausência de concorrentes diretos, o que confere ao monopolista controle significativo sobre o preço e a quantidade produzida. Nesse cenário, a empresa determina o preço, que é sempre o maior possível dentro daquele cenário, o que inclui a prática de discriminação de preços. Barreiras de entrada são fatores preponderantes no mercado monopolista. Estas podem surgir de diversas formas, como patentes, altos custos iniciais, controle exclusivo por meio de regulamentações, como patentes. Tais barreiras dificultam a entrada de novos concorrentes e, por conseguinte, consolidam a posição do monopolista. O impacto do monopólio na eficiência econômica é um ponto importante a analisar. O controle sobre o mercado feito por apenas uma empresa muitas vezes resulta em ineficiências, já que a produção é limitada e os preços podem ser estabelecidos acima do nível competitivo.

- **Oligopólio**

O oligopólio é uma forma de estrutura de mercado que se destaca pela presença de um pequeno número de empresas dominantes, cada uma capaz de influenciá-lo de maneira significativa. As características marcantes incluem a interdependência entre essas empresas, em que as ações de uma têm impacto direto sobre as outras, e a presença de barreiras significativas à entrada, que dificultam a chegada de novos concorrentes. Os mercados oligopolistas frequentemente apresentam modelos de comportamento estratégico complexos. As empresas, cientes de sua interdependência, adotam estratégias que consideram as reações dos concorrentes. Conluio e competição são aspectos-chave em mercados oligopolistas. Empresas podem optar por colaborar, formando acordos de colusão para maximizar lucros conjuntos, ou competir agressivamente no intuito de ganhar vantagem de mercado. Essa dinâmica entre cooperação e competição define a dinâmica única do oligopólio. Modelos como a teoria dos jogos ajudam a entender e antecipar as decisões estratégicas em um ambiente oligopolista.

- **Concorrência Monopolística**

Enquanto a concorrência perfeita envolve produtos homogêneos, a concorrência monopolística destaca-se pela diversidade e distinção dos produtos, conferindo às empresas certa margem de controle sobre preços e ofertas. A variedade de produtos e a diferenciação são fatores-chave nesse modelo, impulsionando as estratégias de *marketing* e as decisões de preços. Empresas buscam criar produtos únicos ou diferenciados para conquistar a preferência dos consumidores, criando lealdade à marca e estabelecendo vantagens competitivas. Consequentemente, as decisões de preços na concorrência monopolística são influenciadas pela percepção de valor e diferenciação do produto. Estratégias de *marketing* tornam-se cruciais para comunicar e destacar essas diferenças aos consumidores, impactando diretamente na demanda e na competitividade da empresa no mercado.

Quadro 2.1 – Principais características das estruturas de mercado.

Estrutura de Mercado	Barreiras de Entrada	Controle sobre Preços	Grau de Competição	Diferenciação	Interferência Governamental
Concorrência Perfeita	Baixas	Nenhum	Muito alta	Nenhuma	Mínima
Monopólio	Altas	Considerável	Nenhum	Baixa	Potencialmente alta
Oligopólio	Altas	Considerável	Variável	Moderada	Moderada
Concorrência Monopolística	Moderadas	Algum	Alta/Moderada	Necessária	Alguma

Analisar as características distintas e as implicações econômicas em cada estrutura é fundamental para interpretar dinâmicas do mercado financeiro. Investidores podem avaliar os riscos e as oportunidades de maneira mais informada, adaptando suas estratégias às características específicas de cada estrutura de mercado.

• **Regulação Governamental**

Cada uma das estruturas de mercado está ligada às políticas governamentais, que são primordiais na busca pelo equilíbrio econômico e na promoção da concorrência.

Vamos mostrar no quadro a seguir como as intervenções governamentais moldam cada uma dessas estruturas e suas implicações nas esferas econômica e financeira.

Quadro 2.2 – Impacto das intervenções governamentais nas estruturas de mercado.

Estrutura de Mercado	Papel do Governo	Consequências Econômicas e Financeiras	Consequências Gerais e Eficiência
Concorrência Perfeita	Políticas antitruste[2]	Mercados mais eficientes e equitativos	Eficácia na concorrência e alocação eficiente
Monopólio	Legislação antitruste e Concessão regulamentada	Equilíbrio de poder de mercado, impactos na inovação	Desafio em equilibrar regulação sem inibir o investimento
Oligopólio	Controles sobre fusões e práticas anticoncorrenciais	Busca equilibrar a competição, a eficácia dependente da aplicação das políticas	Desafios na monitorização e aplicação eficaz das regulamentações
Concorrência Monopolística	Controle de publicidade enganosa	Menos impacto financeiro, foco em transparência do mercado	Regulação para transparência, com menor impacto financeiro

No Quadro 2.2. observamos uma visão do papel do governo, as consequências econômicas e financeiras, e a eficácia geral das regulamentações em cada estrutura de mercado. É importante notar que, no contexto de mercado financeiro, entender cada estrutura é essencial para investidores e outros participantes do setor, pois depende do cenário para tomar uma decisão que minimize riscos e aumente retornos.

• Dinâmica da Inovação

Inovação sempre foi um ponto-chave para o crescimento de empresas no mercado financeiro. Empresas inovadoras não apenas se adaptam a novos contextos, mas também têm o poder de mudar hábitos e costumes. A capacidade de empresas ino-

---

[2] Como em todo mercado, o papel do governo é garantir que a competição entre empresas seja justa. No mercado de competição perfeita o papel do governo é garantir práticas honestas de mercado.

vadoras redefinirem os limites de suas indústrias é evidente na forma como introduzem novos produtos, processos ou modelos de negócios. Essa dinâmica desafia as normas estabelecidas e muitas vezes redefine os próprios paradigmas da concorrência. À medida que empresas incorporam tecnologias emergentes, a competição se acirra, levando a um ambiente de constante evolução. Nesse contexto dinâmico, a posição de uma empresa no mercado pode ser redefinida de maneiras sem precedentes. Empresas que não apenas adotam a inovação, mas lideram esses avanços, muitas vezes alcançam vantagens competitivas substanciais. A capacidade de se adaptar rapidamente às mudanças no mercado, combinada com a criação de produtos ou serviços, pode alterar significativamente a estrutura da indústria.

Em suma, a inovação mostra que as empresas podem se adaptar, bem como é uma força que muda a forma como os participantes do mercado operam. Essa mudança constante afeta o ambiente econômico e cria oportunidades e desafios para as empresas que querem se adaptar e crescer.

- **Definição e Métricas de Concentração de Mercado**

A concentração de mercado é um conceito importante na análise econômica, referindo-se à distribuição de participação entre empresas em uma indústria ou setor. Compreender o que essa concentração pode causar é importante para um profissional das áreas financeira e de investimentos, além de avaliar a dinâmica competitiva e identificar potenciais impactos no mercado e na economia como um todo. Um método amplamente utilizado na medição da concentração é o Herfindahl-Hirschman Index (HHI). O HHI calcula a concentração, incluindo todas as empresas na indústria, fornecendo uma visão abrangente da distribuição. Quanto maior o HHI, maior a concentração, o que é usado como parâmetro em tomadas de decisão sobre investimentos.

A concentração excessiva em determinado(s) setor(es) pode resultar em barreiras significativas à entrada de novos concorrentes, além de limitar a diferenciação e a inovação, aumentar os preços e o desemprego. Isso pode afetar o desempenho do mercado financeiro como um todo. Além disso, a identificação de práticas anticoncorrenciais torna-se essencial para manter a eficiência no mercado. A concentração elevada muitas vezes está associada a estratégias que prejudicam a concorrência, como fixação de preços, acordos de exclusividade e práticas predatórias. Essas práticas impactam negativamente a dinâmica competitiva, prejudicando consumidores e inibindo o desenvolvimento de mercados mais eficientes.

Assim, uma análise criteriosa da concentração e a vigilância constante sobre práticas anticoncorrenciais são fundamentais para promover mercados saudáveis, nos quais a competição é preservada, a inovação é incentivada e os benefícios econômicos são compartilhados de maneira equitativa. A economia cresce com mais eficiência, e o mercado financeiro também.

2.2. Fatores Macroeconômicos

Nesta seção apresentamos os indicadores macroeconômicos fundamentais, como inflação, PIB e taxa de desemprego. Uma vez definidos esses indicadores, vamos explorar os conceitos de oferta e demanda agregadas, analisando os fatores que influenciam esses componentes e seus impactos na economia. A compreensão desses indicadores é importante para tomadas de decisão em investimentos, pois permite uma visão mais precisa do cenário econômico, facilitando a adaptação estratégica em diferentes contextos de investimento.

• Inflação e seu Impacto Econômico

A inflação, caracterizada pelo aumento contínuo e generalizado nos preços dos bens e serviços, representa um fenômeno com impactos significativos. Seus efeitos atingem a economia como um todo, afetando consumidores, empresas e governo. A inflação reduz o poder de compra da moeda, diminuindo o valor real de salários e investimentos. Isso, por sua vez, influencia o comportamento dos consumidores e as decisões de investimento das empresas, criando graves consequências econômicas.

Para medir a inflação, o governo da maioria dos países recorre a métodos que usam uma "cesta de mercado". Esses métodos quantificam as variações nos preços de uma cesta de bens e serviços representativa do consumo médio dos cidadãos daquele país, o que representaria as mudanças no custo de vida. No Brasil, os índices de preços mais usados são o IPCA (Índice de Preços ao Consumidor Amplo), o INPC (Índice Nacional de Preços ao Consumidor). Instituições não governamentais também calculam a inflação no Brasil, com IGPM da Fundação Getulio Vargas.

A capacidade de entender o que é a inflação e utilizar métodos de cálculo de inflação confiáveis é essencial para a equipe econômica de um governo e também para empresários e investidores. O controle da inflação é essencial para manter a estabilidade e o crescimento sustentável, elementos fundamentais no cenário econômico.

• PIB

O PIB é um valor agregado usado para medir a atividade econômica e o grau de desenvolvimento de um país. O PIB é o total de todos os bens e serviços produzidos dentro daquele país durante um período específico. Entendendo a dinâmica dos componentes do PIB, podemos analisar se uma economia está crescendo ou contraindo.

Para efeito de análises, o PIB é constituído por quatro componentes que, quando agregados, indicam o total produzido. São eles: consumo, investimentos, gastos do governo e exportações líquidas. O consumo é representado pelos gastos das pessoas com bens e serviços, é um grande impulsionador do PIB. Quando as pessoas compram mais, empresas produzem e vendem mais, e a economia cresce. O investimento, que inclui gastos das empresas em equipamentos e estruturas, é outro componente importante. Empresas investem para expandir, gerando mais produção e empregos. Os gastos governamentais representam o que o governo gasta em serviços públicos, infraestrutura e programas sociais. Isso também contribui para o PIB. As exportações líquidas, que são a diferença entre o que um país vende para outros e o que compra deles, têm um papel de destaque. Um saldo positivo na balança comercial contribui para o PIB, indicando que o país está vendendo mais do que produz, ou seja, do que comprando o que é produzido por outro.

Entender o PIB e seus componentes oferece uma visão de como está a economia de um país. Ajuda a compreender o que impulsiona o crescimento e quais áreas podem precisar de estímulo ou ajustes.

- **Taxa de Desemprego**

A taxa de desemprego é um indicador econômico que mostra a situação no mercado de trabalho de um país. Ela representa a porcentagem de pessoas ativas que estão sem emprego, porém estão aptas e em busca de oportunidades. Quando é baixa geralmente indica um mercado de trabalho robusto, enquanto uma taxa alta pode sugerir desafios econômicos. Entretanto, é importante apontar que há limitações dessa medida. A taxa de desemprego pode subestimar o desemprego, pois não inclui pessoas que desistiram de procurar uma colocação no mercado, porém sobrevivem sem auxílio do governo. Além disso, não diferencia entre empregos de meio período e período integral, oferecendo uma visão limitada da sua estabilidade. Outra limitação surge da definição específica de desempregado. Aqueles com empregos precários ou os que gostariam de trabalhar mais horas são excluídos desse cálculo.

Portanto, enquanto a taxa de desemprego é um indicador útil, é fundamental analisá-la com cuidado, considerando suas limitações. No entanto, é importante notar que esse indicador, quando usado em conjunto com outros (inflação e PIB), contribui para decisões mais informadas em políticas econômicas e, também, para investidores no mercado financeiro.

- **Oferta e Demanda Agregada**

A oferta e a demanda agregada representam o total de bens e serviços que uma economia está disposta a produzir e consumir. Esses conceitos são fundamentais para uma economia, sobretudo para o mercado financeiro, pois influenciam os níveis de preços, as taxas de juros e o crescimento econômico, afetando as diversas classes de investimentos.

- **Determinantes da Oferta e Demanda Agregada**

A eficiência na produção, impactada pelos custos, influencia diretamente na quantidade total de bens e serviços que uma economia está disposta a oferecer. Os preços e os custos de produção são relevantes na oferta agregada. Se os custos de produção aumentam, as empresas podem reduzir a produção para manter margens de lucro. No entanto, se os custos diminuem, a oferta pode aumentar, impulsionando a produção. Outro fator que influencia a oferta agregada são as taxas de juros usadas para financiar estoque e investimento em maquinário e infraestrutura. Já a demanda agregada é influenciada por outros fatores. Mudanças nos gastos dos consumidores, investimentos, gastos governamentais e exportações afetam diretamente a quantidade total de bens e serviços consumidos na economia.

- **Impactos Econômicos das Mudanças na Oferta e Demanda Agregada**

As mudanças na oferta e demanda agregada têm impactos significativos na economia. Aumentos na oferta agregada podem impulsionar a produção e o emprego, mas também podem levar a pressões inflacionárias. Já mudanças na demanda agregada afetam diretamente o nível de atividade econômica, influenciando o consumo, os investimentos e os gastos governamentais. Entender esses impactos é crucial para formuladores de políticas e tomadores de decisão, permitindo ajustes estratégicos para promover o crescimento sustentável e a estabilidade econômica.

Uma compreensão dos fatores que afetam ambos (oferta e demanda agregada) é essencial para prever movimentos na economia e, consequentemente, como afetariam os participantes do mercado financeiro.

- **Cenários Econômicos e Tomada de Decisões de Investimentos**

Indicadores macroeconômicos são fundamentais para investidores e gestores de portfólio na tomada de decisão. Como mencionamos anteriormente, indicadores como inflação, PIB e taxa de desemprego oferecem *insights* sobre a situação da economia. Investidores usam esses dados para avaliar riscos, identificar oportunidades e ajustar estratégias. Por exemplo, uma economia em crescimento pode incentivar investimentos em ações, enquanto indicadores de inflação podem influenciar escolhas de ativos. Compreender a conexão entre indicadores macroeconômicos e decisões de investimento permite uma abordagem mais informada e adaptável às dinâmicas econômicas, maximizando oportunidades e gerenciando riscos.

Adaptar portfólios de investimentos em diferentes cenários econômicos é essencial para maximizar retornos e gerenciar riscos. Em ambientes de crescimento econômico, estratégias mais voltadas para ações podem ser adotadas, visando capitalizar oportunidades de valorização. Em contrapartida, em período de recessão, a diversificação para ativos mais seguros, como títulos do governo, pode ser preferível para proteger o capital. Além disso, estratégias de alocação de ativos podem ser ajustadas com base em indicadores macroeconômicos. Por exemplo, se houver sinais de inflação, investir em ativos como títulos indexados ao IPCA, dentre eles Tesouro IPCA+ (NTN-B Principal) e Tesouro IPCA+ com Juros Semestrais (NTN-B). Em cenários de taxas de juros baixas, uma estratégia seria investir em ações de empresas consolidadas que pagam dividendo (i.e., Coca-Cola, NYSE:-KO; Petrobras, NYSE:PBR). A flexibilidade para alterar alocações conforme os cenários econômicos mudam permite aos investidores otimizarem seus portfólios de acordo com as condições de mercado, adaptando-se de forma dinâmica para alcançar objetivos financeiros a longo prazo.

2.3. O Ciclo Econômico

Esta seção abordará os ciclos econômicos, que são as fases de uma economia em um determinado momento, que, consequentemente, influenciam o mercado financeiro. Compreender esses ciclos é importante para participantes do mercado financeiro, pois influenciam decisões de onde e como investir. Ao entender as fases de expansão e contração de uma economia, investidores podem antecipar tendências, ajustar estratégias e utilizar as oscilações do mercado de maneira mais eficaz. O profissional do mercado financeiro, capaz de entender bem o que são ciclos econômicos, tem mais probabilidade em maximizar retornos e gerenciar riscos durante diferentes fases econômicas.

Nos tópicos seguintes exibimos as fases de um ciclo econômico típico, assim como os indicadores que mostram em qual fase a economia se encontra e onde poderá estar no futuro próximo.

• **Fases do Ciclo Econômico**

Um ciclo econômico é composto por cinco fases (momentos): expansão, pico, contração/recessão, vale e recuperação, como mostra a figura abaixo.

Figura 2.1 – Ciclo econômico.

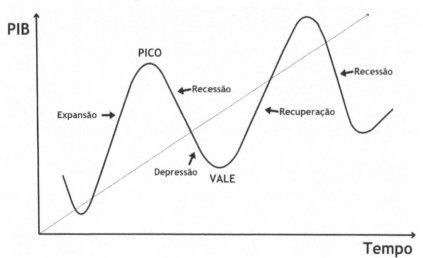

Fonte: Beta Avaliação, 2024.

Quadro 2.3 – Fases do ciclo econômico.

Fase	Descrição
Expansão	Período de crescimento econômico, com aumento na produção, emprego e investimentos. Indicadores positivos geram otimismo no mercado.
Pico	Ápice da atividade econômica, onde a produção atinge seu máximo. Sinais de desaceleração começam a surgir, indicando a transição para a próxima fase.
Contração	Declínio na atividade econômica, com queda na produção, aumento do desemprego e menor investimento. Pode incluir uma recessão prolongada.
Vale	Ponto mais baixo da recessão, marcando o início da recuperação. Período desafiador, mas sinalizando a retomada.
Recuperação	Fase de retomada do crescimento econômico após o vale. Produção, emprego e investimentos começam a se recuperar, indicando uma nova expansão.

Fonte: Elaborado pelos autores.

• Indicadores das Fases dos Ciclos Econômicos

Indicadores em ciclos econômicos são divididos em três grupos: defasados, coincidentes e líderes. Os defasados referem-se aos dados que refletem eventos passados, como taxas de desemprego, e indicam que a economia já entrou em uma fase, por exemplo, uma expansão se a taxa for baixa. Coincidentes indicam o estado atual da economia, como a produção industrial, que é um dado que coincide com a situação do momento. Já os líderes antecipam mudanças econômicas futuras, como pedidos de autorização para construção civil.

Entender indicadores de um ciclo econômico é importante para investimentos. Defasados confirmam tendências, coincidentes validam o presente e líderes antecipam futuros movimentos, orientando estratégias de investimento em determinados momentos.

Quadro 2.4 – Indicadores das fases do ciclo econômico.

Fase	Indicador		
	Defasado	Coincidente	Líder
Expansão	Queda na taxa de desemprego	Aumento da produção industrial	Aumento nos indices de mercado (S&P 500)
Pico	Alto custo na folha de pagamento das empresas	Aumento significativo nos estoques	Inflação ascendente
Contração	Aumento no índice de inadimplência	Queda no índice de produtividade	Queda em pedidos de alvarás para construir
Vale	Início na queda do desemprego	Retomada do crescimento do PIB	Aumento em pedidos para construção civil
Recuperação	Queda no índice de inadimplência	Aumento dos pedidos de vendas	Aumento no índice de confiança dos consumidores

Compreender os ciclos econômicos e os indicadores associados é esperado dos profissionais do mercado financeiro. Essa percepção permite antecipar mudanças no ambiente econômico, fundamentais para o sucesso nas tomadas de decisão. Ao interpretar indicadores, como PIB, taxa de desemprego e inflação, os profissionais podem ajustar estratégias, identificar oportunidades e mitigar riscos. A capacidade de reconhecer diferentes fases dos ciclos econômicos possibilita uma alocação de ativos mais eficiente, seja em períodos de expansão ou recessão. Além disso, o entendimento dos indicadores macroeconômicos oferece uma vantagem competitiva ao analisar o impacto das políticas governamentais e os eventos globais nos mercados financeiros.

2.4. Políticas Econômicas – Monetária e Fiscal

Políticas econômicas em muitos casos são impactantes especialmente para o mercado financeiro e investidores, pois influenciam as condições macroeconômicas que afetam decisões financeiras. Decisões sobre taxas de juros, mudança nos impostos e regulamentações impactam diretamente os mercados, afetando retornos e riscos. O entendimento dessas políticas é essencial para promover um ambiente econômico estável, garantindo condições favoráveis para investimentos e tomadas de decisão no mercado financeiro.

Os dois tipos de política econômica são a política fiscal e a política monetária. Abaixo explicamos cada uma e o contexto de impacto de ambas no mercado financeiro.

- **Política Fiscal**

A política fiscal é relacionada às políticas governamentais em relação aos gastos e à tributação. Se o governo aumenta os gastos ou reduz impostos, isso pode estimular a economia, promovendo o crescimento e o emprego. No entanto, cortes de gastos ou aumentos de impostos podem desacelerar a economia. No mercado financeiro, a política fiscal desempenha um papel de impacto. Mudanças nos níveis de gastos e tributação podem afetar os retornos de investimentos e a confiança dos investidores. Por exemplo, um programa de estímulo fiscal, como investimentos em infraestrutura, pode impulsionar a confiança do mercado, aumentando investimentos e impactando positivamente o mercado financeiro. Já as medidas de austeridade fiscal podem gerar cautela nos mercados, influenciando decisões para investimentos mais conservadores. A implementação da política fiscal envolve, portanto, o uso de instrumentos, como alterações em gastos públicos e nos impostos, para influenciar a economia.

Ela busca estabilizar a economia, ajustando a demanda e/ou oferta agregada. Em tempos de recessão, aumentar os gastos públicos ou reduzir impostos, como ICMS, IPI e até o imposto de renda, pode estimular a atividade econômica. Em contrapartida, em períodos de alta inflação, reduzir gastos e/ou aumentar impostos pode contrair a economia e reduzir o nível dos preços.

- **Política Monetária**

A política monetária refere-se às decisões do banco central em relação à quantidade de dinheiro em circulação na economia e às taxas de juros para alcançar objetivos econômicos. Um banco central pode ajustar as taxas de juros para influenciar o consumo, o investimento e a inflação. No mercado financeiro, as mudanças na política monetária afetam diretamente as taxas de juros de curto prazo, influenciando o custo do crédito e os retornos de investimentos.

Participantes do mercado financeiro devem compreender esses efeitos, pois mudanças na política monetária impactam taxas de juros, inflação e confiança dos investidores, sendo esta essencial para manter a estabilidade e a confiança no mercado. A habilidade de antecipar essas medidas é importante para adaptar estratégias de investimento, considerando o cenário macroeconômico e otimizando retornos em diferentes fases do ciclo econômico. Por exemplo, uma redução nas taxas de juros pode estimular o investimento e impulsionar os mercados de ações. No entanto, isso também pode aumentar o risco de bolhas financeiras.[3]

Compreender e antecipar os efeitos de uma política fiscal e/ou monetária é fundamental para investidores e participantes

---

[3] Bolhas financeiras criam uma alta de preços insustentáveis seguidos por quedas abruptas. Quedas nas taxas de juros podem aumentar os preços dos ativos financeiros, formando uma bolha que pode trazer risco de instabilidade no mercado financeiro.

do mercado financeiro. A análise das ferramentas de implementação da política fiscal e monetária fornece percepções que podem ser usados para gerenciar portfólios de investimentos em determinado ambiente econômico. A habilidade de interpretar os movimentos governamentais e antecipar suas implicações no mercado é uma vantagem estratégica, capacitando os investidores a tomarem decisões informadas e sustentáveis ao longo do ciclo econômico.

2.5. Introdução às Finanças Internacionais

Finanças internacionais atuam de forma determinante nos mercados financeiros globais, moldando estratégias de investimento e influenciando a estabilidade econômica. Nesta seção mostramos pontos importantes sobre o comércio internacional, a Balança de Pagamentos e os elementos-chave que afetam o mercado financeiro e de investimentos em escala global. Concluímos apresentando uma análise sobre o FOREX e a sua importância para participantes do mercado financeiro como *hedgers*, *traders* e *risk managers*.

O comércio exterior é vital para o desenvolvimento econômico de qualquer país. Ao permitir a troca de bens e serviços entre nações, o comércio impulsiona o crescimento, promove a especialização e oferece acesso a recursos que podem não estar disponíveis localmente. Essa interconexão econômica em âmbito global é essencial para o desenvolvimento sustentável, proporcionando oportunidades de crescimento e cooperação internacional. Uma ferramenta importante de informação sobre comércio exterior é a Balança de Pagamentos, um instrumento crucial que registra e mensura todas as transações econômicas entre países, fornecendo uma visão das transações financeiras internacionais e influenciando diretamente o cenário do mercado financeiro.

A Balança de Pagamentos é um registro contábil que acompanha todas as transações econômicas de um país com o resto do mundo durante um período específico. Ela abrange a conta corrente (exportações e importações de bens e serviços), a conta de capital (transferências de ativos financeiros e investimentos) e a conta financeira (movimentação de ativos financeiros e passivos). Para um profissional do mercado financeiro, compreender a Balança de Pagamentos é de suma importância.

Ela fornece informações indicando se o país está acumulando ou perdendo reservas internacionais. As mudanças na balança de pagamentos podem impactar as taxas de câmbio, influenciando os mercados financeiros. Por exemplo, um déficit persistente na conta corrente pode resultar em pressão de desvalorização da moeda.

O entendimento do comércio internacional pelo profissional do mercado financeiro também é crucial para prever tendências no setor. Desequilíbrios nas transações comerciais e eventos geopolíticos exercem impacto substancial nas taxas de câmbio, de juros e na confiança dos investidores. Um déficit persistente na balança comercial pode levar à desvalorização da moeda, afetando as taxas de câmbio e tornando as exportações mais competitivas. Eventos geopolíticos, como conflitos ou acordos comerciais, podem gerar volatilidade nos mercados, influenciando as taxas de câmbio e afetando a confiança dos investidores. Essas mudanças nas condições globais exigem que investidores ajustem suas estratégias para otimizar retornos e gerenciar riscos. Em face da volatilidade cambial, por exemplo, os investidores podem adotar estratégias de *hedge* para proteger seus portfólios. Ajustes nas alocações de ativos e diversificação em ativos internacionais também são considerações importantes.

- **Comércio Exterior e Geopolítica**

O comércio exterior e a geopolítica estão intrinsecamente interligados, exercendo impactos significativos no ambiente financeiro global. Restrições ao comércio, como tarifas e quotas, são ferramentas frequentemente utilizadas como instrumentos políticos, moldando as relações internacionais. Restrições comerciais podem ser implementadas para proteger setores domésticos, estimular a produção local ou influenciar comportamentos políticos. Um exemplo marcante é a disputa comercial entre os Estados Unidos e a China, onde tarifas são regularmente impostas em uma tentativa de reequilibrar a balança comercial e abordar preocupações geopolíticas.

Geopolítica refere-se à interação entre poder, território e recursos em âmbito global. Questões geopolíticas, como conflitos, acordos e alianças, têm repercussões financeiras substanciais. Por exemplo, tensões geopolíticas no Oriente Médio podem impactar os preços do petróleo, afetando mercados financeiros e setores dependentes dessa *commodity*.

Profissionais financeiros devem estar atentos a eventos geopolíticos, pois eles podem influenciar diretamente os mercados. Mudanças nas políticas comerciais, conflitos ou acordos bilaterais podem causar volatilidade nas taxas de câmbio, afetar a precificação de ativos e criar oportunidades ou riscos para os investidores. Em tempos de incerteza geopolítica, é de suma importância adotar uma abordagem cautelosa e ajustar estratégias de investimento para mitigar riscos potenciais. A compreensão dessas dinâmicas é essencial para avaliar a atratividade de investimentos internacionais. Eventos geopolíticos podem criar oportunidades, como a abertura de novos mercados em decorrência de acordos comerciais, ou desafios, como a imposição de sanções que afetam o desempenho de investimentos em determinadas regiões.

Comércio exterior e geopolítica são componentes cruciais para profissionais de finanças. A capacidade de antecipar e reagir a eventos geopolíticos permite uma gestão eficaz de riscos e a identificação de oportunidades estratégicas em um cenário financeiro global em constante evolução.

- **Moedas e Câmbio**

A dinâmica das taxas de câmbio tem uma função-chave nas finanças internacionais, impactando uma série de aspectos econômicos. As taxas de câmbio, que representam o valor relativo entre moedas, são influenciadas por uma variedade de fatores econômicos e políticos. A apreciação, indicando um fortalecimento da moeda, e a depreciação, apontando um enfraquecimento, são conceitos centrais nesse contexto. Diferentes regimes de taxas de câmbio também moldam a dinâmica global. Em regimes flutuantes, as taxas se ajustam livremente com base na oferta e demanda, refletindo as mudanças nas condições econômicas. Já regimes de câmbio fixos[4] ancoram as taxas a uma moeda ou *commodity* como o ouro, proporcionando estabilidade, mas limitando a flexibilidade, e impactando as reservas cambiais de um país em casos de volatilidade. Regimes de câmbio flutuante seguem as leis de mercado, no qual a moeda flutua livremente.

O Brasil utiliza o modelo de câmbio flutuante, seguindo movimentos do mercado, porém, se oscilações bruscas ocorrerem, poderá haver intervenções do BCB. A compreensão desses conceitos é essencial para avaliar a competitividade das exportações e a atratividade de investimentos. Moedas fortes podem

---

[4] Tipos de modelos cambiais mais comuns: Dolarização, Lastro Ouro, Peg Fixo, Commitee de Moedas (*Currency Board*).

tornar as exportações mais caras, afetando a competitividade internacional. No entanto, uma moeda mais fraca pode impulsionar as exportações, mas aumentar os custos de importação. Investidores precisam estar cientes desses impactos ao otimizar a alocação de ativos em diferentes regiões, gerenciando assim o risco cambial de maneira eficaz. A volatilidade das taxas de câmbio também afeta o retorno dos investimentos estrangeiros. A possibilidade de apreciação ou depreciação das moedas pode ter implicações significativas nos ganhos e nas perdas dos investidores.

O entendimento das taxas de câmbio é um fator importante para os profissionais do mercado financeiro analisarem a competitividade internacional e a gestão de riscos políticos e de flutuações cambiais que possam impactar nos investimentos.

- **Forex e Investimentos**

O mercado Forex, abreviação para *Foreign Exchange*, ocupa um lugar central no cenário financeiro global, impactando diretamente o retorno de investimentos estrangeiros. Trata-se do maior e mais líquido mercado financeiro do mundo, no qual moedas são compradas e vendidas. A dinâmica do Forex influencia o valor relativo das moedas e, por conseguinte, afeta os ganhos e as perdas de investidores que optam por alocar recursos em ativos estrangeiros. Por exemplo, se um investidor espera que o euro se valorize em relação ao dólar americano, compraria euros agora. Se sua previsão estiver correta, ele pode obter lucro quando decidir vender euros. Para ilustrar melhor o impacto no retorno de investimentos estrangeiros, considere um investidor brasileiro que decide alocar recursos em ativos dos Estados Unidos. Se a moeda brasileira se depreciar em relação ao dólar americano, os retornos dos ativos em dólares serão ampliados quando convertidos para a moeda local. No entanto, essa relação também pode operar no sentido contrário, impactando negativamente os retornos se a moeda local se valorizar.

Os eventos econômicos, políticos e geopolíticos exercem influência sobre as taxas de câmbio no mercado Forex. Por exemplo, um anúncio de política monetária nos Estados Unidos pode impactar significativamente o valor do dólar, afetando os investimentos estrangeiros denominados nessa moeda. Para gestores de fundos de investimento globais, ou até para os especuladores do mercado de câmbios, compreender o Forex é essencial. Além desses investidores que estão diretamente envolvidos com investimentos internacionais, muitos profissionais podem, ao longo de suas carreiras, se deparar com decisões de investimentos globais. A capacidade de interpretar e antecipar movimentos no mercado de câmbio é fundamental para otimizar o retorno em investimentos estrangeiros e gerenciar riscos cambiais.

• Desafios e Oportunidades em Finanças Internacionais

Finanças Internacionais oferecem uma arena dinâmica repleta de desafios e oportunidades para os investidores. Uma questão-chave que demanda atenção é a volatilidade das taxas de câmbio. Como já mencionamos, flutuações nas moedas podem impactar os retornos dos investimentos, representando um desafio considerável. Outro desafio é a volatilidade do mercado global. Eventos inesperados, como crises econômicas ou pandemias, podem causar oscilações abruptas nos mercados internacionais. A pandemia de COVID-19 é um exemplo recente que evidenciou a importância de compreender e gerenciar riscos globais. Além disso, eventos geopolíticos têm o potencial de impactar significativamente os mercados financeiros internacionais. Tensões comerciais entre grandes economias, como a disputa entre os EUA e a China, podem gerar volatilidade e criar desafios para investidores globais.

Diante desses desafios, estratégias para mitigar riscos tornam-se essenciais. A diversificação de portfólio é uma estratégia clássica, permitindo aos investidores distribuírem seus recursos entre diferentes ativos e regiões para reduzir a exposição a riscos específicos. Em adição, a gestão ativa de riscos é crucial. Utilizar instrumentos financeiros, como derivativos, pode ajudar a proteger investimentos contra flutuações cambiais adversas. Empresas que operam internacionalmente frequentemente empregam essas estratégias para proteger receitas e custos em diferentes moedas. Falaremos mais sobre isso nos capítulos seguintes deste livro. Notando que a volatilidade do Forex proporciona oportunidades para investidores especulativos. A volatilidade, embora um desafio, também pode criar oportunidades de lucro. Investidores que conseguem antecipar e reagir rapidamente a mudanças nas condições globais podem capitalizar momentos de volatilidade para obter retornos significativos.

Enfrentar desafios em Finanças Internacionais exige uma abordagem estratégica e adaptável. Profissionais do mercado devem compreender a complexidade dessas dinâmicas e aprender a utilizar estratégias eficazes de gestão de riscos para capitalizar as oportunidades presentes em um cenário financeiro global em constante evolução. Em resumo, o conhecimento em Finanças Internacionais é essencial para qualquer profissional do mercado financeiro e não apenas para Forex *traders* e gestores de risco.

Resumo

Neste capítulo exploramos elementos fundamentais de economia aplicadas aos mercados financeiros, iniciando com uma análise das estruturas de mercado, abordando concorrência perfeita, monopólio, oligopólio e concorrência monopolística.

Em seguida, examinamos as medidas macroeconômicas, como PIB, inflação e desemprego, essenciais para os profissionais do mercado financeiro avaliarem o panorama econômico. Exploramos os pontos da oferta e demanda agregada, assim como os ciclos econômicos e indicadores associados. Analisamos a relevância desses conceitos na formulação de estratégias de investimento e na adaptação a diferentes cenários econômicos. No contexto das políticas fiscal e monetária, discutimos como decisões governamentais impactam diretamente os mercados financeiros, influenciando taxas de juros, inflação e atividade econômica. Destacamos a importância de os profissionais do mercado financeiro compreenderem essas políticas para antecipar tendências e tomar decisões informadas. Concluímos abordando o comércio exterior e o mercado Forex, ressaltando como eventos geopolíticos, flutuações cambiais e restrições comerciais podem afetar significativamente os profissionais do mercado financeiro.

Questões e Problemas

1. Quais são os elementos essenciais das diferentes estruturas de mercado, e por que a compreensão desses elementos é crucial para um profissional de finanças?
2. Por que é importante para um investidor identificar e monitorar os principais indicadores econômicos? Como eles influenciam os movimentos no mercado financeiro?
3. Quais são os principais indicadores do ciclo econômico, e de que maneira eles afetam as decisões de investimento? Explique como um investidor pode utilizá-los para tomar decisões informadas.
4. Explique o papel desempenhado pelo governo federal e pelo banco central na condução da política fiscal e monetá-

ria. Como as decisões dessas entidades impactam diretamente o mercado financeiro?

5. Qual é a importância das relações comerciais entre países no contexto de decisões de investimento? Como a geopolítica influencia as escolhas de investimento e quais são os possíveis impactos nos mercados financeiros globais?

Questões Comentadas – Exames CFA®

1. Economy of scales is usually observable:
A) At the beginning phase of production.
B) After the break-even point.
C) At the Maturity Phase.
Comentário: Os custos médios de produção tendem a cair (*economy of scales*) à medida que a empresa aumenta sua produção inicial. Depois disso, a tendência é que os custos aumentem. **Resposta: A**.

2. Which of the following will most likely lead to demand-pull inflation?
A) An increase in the money prices of raw materials.
B) A decrease in the cost of borrowing.
C) An increase in R&D costs.
Comentário: A inflação causada pela procura (*demand-pull inflation*) é caracterizada pelo aumento dos preços devido ao aumento no consumo. A queda no custo de empréstimo (*low cost of borrowing* = juros mais baixos) estimula o consumo. As outras alternativas referem-se à inflação da oferta (*cost push inflation*), causada pelo aumento nos custos de produção e nova tecnologia. **Resposta: B.**

3. Which of the following is most likely to be a tool available to a government for implementing fiscal policy?
A) Restricting banks to make more loans.
B) Changing taxation.
C) Managing the level of interest rates.
Comentário: Política fiscal é conduzida pelo governo federal de um país, ajustando impostos (*change taxation*) e gastos do governo (*gov spending*). As outras alternativas são ferramentas da política monetária, não fiscal. **Resposta: B.**

4. The primary goal for most central banks could be characterized as:
A) To remove a country from recession.
B) To control the money supply.
C) To maintain low inflation.
Comentário: Controlando o volume de dinheiro em circulação, o banco central de um país garante a estabilização, mantendo preços estáveis e crescimento contínuo da economia. **Resposta: B.**

5. A group of countries formed a customs union. The members are now considering moving to a common market structure. What of the following would most likely arise if they move from a custom union to a common market structure? They would:
A) Establish tariffs and quotas against non-members.
B) Begin to allow free movement of the factors of production.
C) Establish common economic institutions to coordinate economic policies.
Comentário: As fases de integração econômica entre países podem ser mínimas, como uma política aduaneira (**customs union**), ou mais complexa, como um mercado único (União

Europeia). O mercado comum (**common market**), como o Mercosul, é uma estrutura intermediária e requer movimentação livre de fatores de produção (mão de obra, por exemplo). O estabelecimento de instituições comuns, como um único banco central é característica de um mercado único.
Resposta: B.

Capítulo 3: Análise de Demonstrativos Financeiros

Objetivos de Aprendizado:

1. Entender os demonstrativos financeiros.
2. Interpretar os demonstrativos financeiros.
3. Utilizar os demonstrativos financeiros para tomada de decisão.
4. Aplicar a análise de demonstrativos financeiros.
5. Apresentar as limitações e os desafios da análise de demonstrativos financeiros.

A análise de demonstrativos financeiros é fundamental para investidores e profissionais do mercado, fornecendo informações sobre a situação financeira, patrimonial e o desempenho operacional de uma empresa. Neste capítulo, exploraremos os três principais tipos – o Balanço Patrimonial (BP), a Demonstração do Resultado do Exercício (DRE) e a Demonstração do Fluxo de Caixa (DFC) – destacando suas estruturas e a relevância de cada componente para uma análise abrangente. Abordaremos, também, a interpretação dos demonstrativos, pois compreender os significados dos valores apresentados é fundamental para extrair informações sobre a situação financeira e operacional de uma empresa. Examinaremos a importância da utilização dos demonstrativos na tomada de decisões sobre investimentos, uma vez que permitem que os investidores possam identificar oportunidades e riscos. Além da interpretação e da utilização prática, dedicaremos uma parte deste capítulo para explicar como utilizar a análise financeira com base nos demonstrativos. Por fim, explicaremos por que é importante reconhecer as suas limitações nessas análises, abordando as inerentes à própria natureza dos demonstrativos, que muitas vezes não conseguem capturar completamente a complexidade de certas transações e eventos. É essencial destacar que esperamos que o leitor já tenha um conhecimento prévio de contabilidade básica, pois focamos na relevância e aplicação dos demonstrativos financeiros, porém, não abordaremos as práticas contábeis e a legislação relevantes na construção de cada demonstrativo.

Os principais demonstrativos financeiros são: o BP, a DRE e a DFC. A seguir, descreveremos os pontos importantes de cada um deles dentro da perspectiva de análise financeira.

3.1. BP

O BP passa a informação da posição financeira de uma empresa em um momento específico, portanto, não é um demonstrativo dinâmico como os demais. O BP é construído usando práticas contábeis geralmente aceitas mundialmente. É dividido em três seções principais: Ativo, Passivo e Patrimônio Líquido, sendo que cada seção conta com subdivisões, como é o caso dos ativos e dos passivos circulantes. A seguir, descreveremos cada uma das três seções:

– **Ativos:** incluem os bens e direitos da empresa, como contas a receber, estoque e máquinas e equipamentos. Os ativos de uma empresa são divididos em:

• Ativos circulantes – são os de curto prazo, como caixa, contas a receber e estoque, demonstrando a situação de liquidez da empresa.

• Ativos não circulantes – englobam os de longo prazo, como propriedades, investimentos e ativos intangíveis, como marcas e patentes, indicando a capacidade de geração de valor a longo prazo. Esses ativos são considerados como geradores de valor agregado de uma empresa.

– **Passivos:** incluem as obrigações e os deveres de uma empresa, como o pagamento de dívidas e de impostos. O passivo de uma empresa é dividido em:

• Passivo circulante – compreende obrigações de curto prazo, como contas a pagar e empréstimos de curto prazo, essenciais para financiar as atividades operacionais da empresa.

• Passivo não circulante – envolve dívidas e obrigações de longo prazo, como empréstimos a longo prazo e emissão de títulos de dívida.

– **Patrimônio líquido:** representa o valor investido na empresa pelos sócios e acionistas, tais como o capital social e as reservas de lucros.

Tabela 3.1 – O BP.

Ativos	Valores (R$)
Caixa e equivalentes	R$ 50.000
Contas a receber	R$ 100.000
Estoques	R$ 150.000
Ativos fixos	R$ 400.000
Ativos intangíveis	R$ 100.000
Total de ativos	R$ 800.000

Passivos	Valores (R$)
Fornecedores	R$ 50.000
Empréstimos a curto prazo	R$ 100.000
Passivo não circulante	R$ 350.000
Patrimônio Líquido	**Valores (R$)**
Capital social	R$ 300.000
Total	R$ 800.000

3.2. DRE

A Demonstração do DRE registra a contabilização de receitas, custos, despesas e o lucro ou prejuízo líquido, oferecendo uma visão detalhada do desempenho de uma empresa durante um determinado período. A DRE é considerada um demonstrativo dinâmico devido à frequência das atividades ali registradas. Diferentemente do BP, que registra atividades esporádicas, como compra de maquinário ou empréstimos de longo prazo, a DRE registra atividades frequentes, como venda de produtos e pagamento de despesas operacionais.

Uma DRE elaborada observando as práticas contábeis aceitas mundialmente divide-se em quatro seções principais:

– **Receitas:** representam os recebimentos ou promessas de recebimento das vendas de uma empresa, excluindo descontos e devoluções. São divididas em:

• Receitas operacionais – provenientes das atividades principais da empresa, como vendas de produtos ou serviços.

- Receitas não operacionais – incluem ganhos financeiros com investimentos e na venda de ativos fixos, como máquinas e imóveis.

– Custos: gastos diretamente relacionados à produção de um bem ou serviço, como gastos com matéria-prima e mão de obra direta. São divididos em:

- Custos diretos – relacionados às atividades principais, como custo de produção.
- Custos indiretos – incluem os gastos indiretos com a produção de um bem, como a depreciação da fábrica em que os bens são produzidos.

– Despesas: gastos relacionados à operação e gerenciamento de uma empresa, como a remuneração de funcionários administrativos e o pagamento do imposto de renda. São divididas em:

- Despesas operacionais – relacionadas às operações diárias da empresa, como pagamento de salários.
- Despesas não operacionais – despesas não essenciais às atividades operacionais, como despesas de juros e de reestruturação.

– Resultado: resultado obtido subtraindo os custos e as despesas das receitas de venda. É dividido em:

- Resultado bruto – receitas de venda menos o custo de produção e o custo das vendas.
- Lucro antes da depreciação e amortização – lucro operacional antes das despesas não monetárias.
- Lucro antes dos juros e impostos – é o chamado lucro operacional, que é o resultado depois das despesas operacionais, mas antes das despesas não operacionais e/ou obrigatórias, como o pagamento de imposto.

• Resultado líquido – é o resultado líquido da empresa, obtido subtraindo todos os custos e despesas das receitas operacionais e não operacionais.

Tabela 3.2 – DRE.

Contas	Valores (R$)
Receita Líquida	**R$ 500.000**
Custo dos Produtos Vendidos	R$ 200.000
Despesas Operacionais	R$ 100.000
Lucro Operacional	R$ 200.000
Despesas Financeiras	R$ 10.000
Lucro antes de Impostos	R$ 190.000
Impostos sobre Lucro	R$ 38.000
Lucro Líquido	R$ 152.000

3.3 DFC

A DFC registra a movimentação do fluxo de entradas e saídas de dinheiro de uma empresa durante um determinado período. É considerada um demonstrativo dinâmico devido à frequência das atividades registradas. Assim como a DRE, a DFC registra atividades frequentes do dia a dia de uma empresa como recebimentos de clientes e pagamentos a funcionários e fornecedores.

A DFC é dividida em três componentes: fluxos de caixa relacionados às atividades operacionais, de investimento e de financiamento.

• Atividades operacionais – entradas e saídas de caixa diretamente relacionadas às atividades operacionais da empresa,

Capítulo 3: Análise de Demonstrativos Financeiros

como o recebimento de vendas e o pagamento de fornecedores.
• Atividades de investimento – fluxos de caixa relacionados às atividades de investimento de uma empresa. Incluem entradas de caixa provenientes de recebimentos de juros e dividendos, e entradas e saídas de caixa por venda e aquisição de ativos fixos.
• Atividades de financiamento – fluxos de caixa relacionados às atividades de financiamento da empresa, como emissão e recompra de ações, e emissão ou pagamento antecipado de dívidas de longo prazo.

Tabela 3.3 – DFC.

Fluxos de Caixa	Valores (R$)
Fluxo de Caixa Operacional	R$ 180.000
Fluxo de Caixa de Investimento	R$ -50.000
Fluxo de Caixa de Financiamento	R$ -30.000
Variação de Caixa	R$ 100.000

3.4. Integração dos Demonstrativos Financeiros

A compreensão dos demonstrativos financeiros surge quando eles são integrados, proporcionando uma visão maior da situação financeira da empresa. A imagem a seguir destaca como o BP, a DRE e a DFC estão integrados, permitindo uma análise mais abrangente e informada.

Figura 3.1. – Integração do BP, da DRE e da DFC.

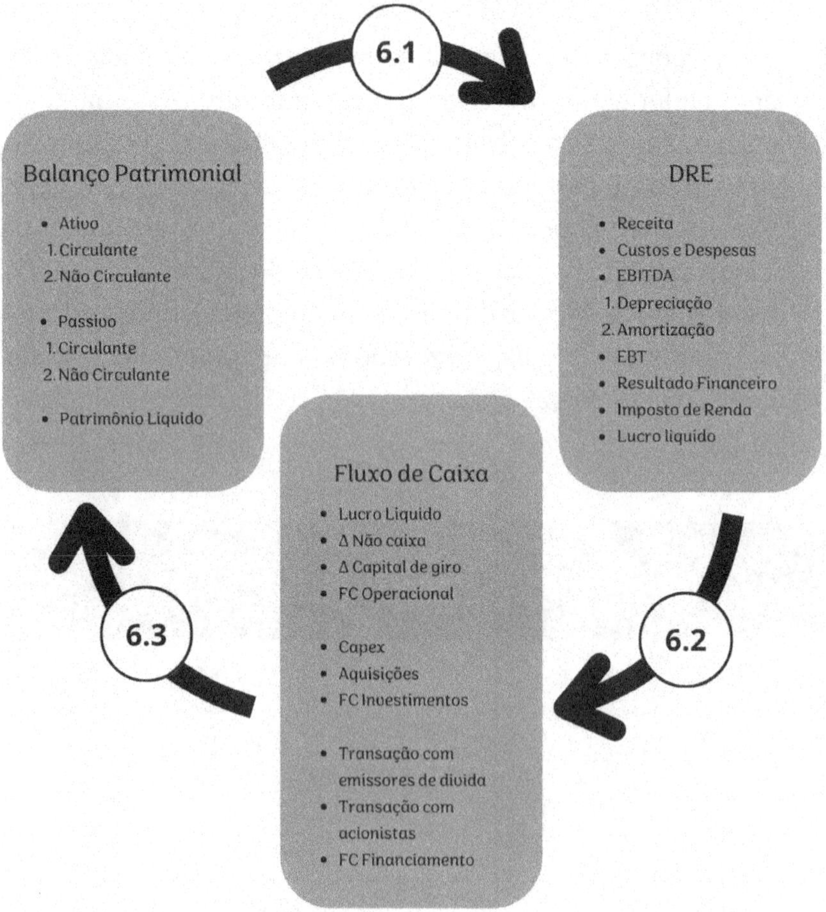

Balanço Patrimonial
- Ativo
  1. Circulante
  2. Não Circulante
- Passivo
  1. Circulante
  2. Não Circulante
- Patrimônio Líquido

DRE
- Receita
- Custos e Despesas
- EBITDA
  1. Depreciação
  2. Amortização
- EBT
- Resultado Financeiro
- Imposto de Renda
- Lucro líquido

Fluxo de Caixa
- Lucro Líquido
- Δ Não caixa
- Δ Capital de giro
- FC Operacional

- Capex
- Aquisições
- FC Investimentos

- Transação com emissores de dívida
- Transação com acionistas
- FC Financiamento

Fonte: Elaborada pelos autores.

A integração dos demonstrativos financeiros é crucial para compreender como as atividades operacionais impactam os resultados financeiros e, por sua vez, os fluxos de caixa. Uma empresa com situação financeira adequada é aquela em que o BP, a DRE e a DFC se complementam, proporcionando uma narrativa coesa sobre seu desempenho operacional e financeiro.

Compreender os demonstrativos financeiros vai além de meramente identificar números. Ao explorar o BP, a DRE e a DFC, os profissionais do mercado financeiro podem avaliar não apenas o desempenho passado, mas também para prever a perspectiva futura de uma empresa. Integrar esses demonstrativos fornece uma visão completa, capacitando os profissionais de finanças a tomarem decisões informadas e estratégicas.

A análise de demonstrativos financeiros é parte do processo de análise financeira que descreveremos ao longo do capítulo. A interpretação dos três principais demonstrativos – BP, DRE e DFC não requer simplesmente uma avaliação dos valores indicados nos demonstrativos, mas como eles interagem, além de demandar o uso de métricas e indicadores para que o analista financeiro possa interpretar corretamente esses valores.

O BP pode parecer um demonstrativo com uma série de números e categorias. No entanto, a verdadeira interpretação desse demonstrativo financeiro é entender a estrutura financeira e sua interação com os demais demonstrativos. Uma análise detalhada de cada ativo demonstra como estão distribuídos os recursos da empresa – se ela possui concentração em ativos tangíveis, como propriedades, ou se investe significativamente em ativos intangíveis, como patentes e *goodwill*. Na parte do passivo, exploramos as fontes de financiamento, destacando a proporção entre dívidas de curto e longo prazo. O Patrimônio Líquido, por sua vez, revela o financiamento por meio de capital próprio e suas variações ao longo do tempo. Compreender essa interação oferece uma visão mais adequada da estrutura financeira e da capacidade da empresa de honrar suas obrigações.

A DRE mostra o desempenho operacional ao longo de um período. Ao interpretar as Receitas Operacionais, podemos entender a contribuição das atividades principais para o faturamento total. A análise dos custos operacionais revela a eficiência na gestão dos recursos durante as operações. Explorar as despesas operacionais e não operacionais mostra se a gestão dos custos e despesas indiretas são eficazes e adequadas. Por fim, ao analisar os tipos de lucro, entendemos a eficiência do resultado dessas operações.

A interpretação do DCF auxilia a interpretar as atividades operacionais da empresa, mostrando a capacidade de gerar caixa a partir das operações diárias. Analisar as atividades relacionadas a investimentos dá uma compreensão das decisões estratégicas, como investimentos em ativos de longo prazo. As atividades de financiamento revelam como a empresa financia suas operações e projetos. Compreender esses fluxos informa sobre a situação financeira imediata e sobre a estratégia de longo prazo da empresa. Além da interpretação direta dos demonstrativos, a análise é aprimorada ao incorporar indicadores e métricas-chave. Índices de liquidez, solvência e rentabilidade proporcionam uma perspectiva mais próxima da realidade.

Saber interpretar os demonstrativos leva a um entendimento inicial da situação financeira atual de uma empresa. Porém, integrando esses conhecimentos com indicadores financeiros, analistas, investidores e outros profissionais do mercado podem tomar decisões embasadas e estratégicas. Isso é a essência da análise financeira: conciliar demonstrativos com índices e indicadores para obter uma visão presente e futura da situação financeira e operacional de uma empresa, que será utilizada no processo de tomada de decisão para um determinado investimento, como exemplo, a compra/venda da ação da empresa analisada.

Exemplo 3.1. Entendendo os Demonstrativos Financeiros

Considerando os dados apresentados pela Empresa ABC no final do período 20X3, calcule o Lucro Líquido, o Patrimônio Líquido e a Variação no Fluxo de Caixa.

Balanço Patrimonial:	
Ativo Total	**R$ 500.000**
Passivo Total	R$ 300.000

Demonstração do Resultado:	
Receita Total	**R$ 700.000**
Custo dos Produtos Vendidos (CPV)	R$ 400.000
Despesas Operacionais	R$ 150.000
Despesas com Juros	R$ 20.000
Imposto de Renda	R$ 30.000

Demonstração de Fluxo de Caixa:	
Fluxo de Caixa das Operações	**R$ 120.000**
Fluxo de Caixa dos Investimentos	-R$ 50.000
Fluxo de Caixa do Financiamento	R$ 30.000

a) Lucro Líquido:

Receita Total – CPV – Despesas Operacionais – Despesas com Juros – Imposto de Renda

R$ 700.000 – R$ 400.000 – R$ 150.000 – R$ 20.000 – R$ 30.000 = R$ 100.000

b) Patrimônio Líquido:

Ativo Total − Passivo Total = R$ 500.000 − R$ 300.000 = R$ 200.000

c) Fluxo de Caixa Total:

Fluxo de Caixa das Operações + Fluxo de Caixa dos Investimentos + Fluxo de Caixa do Financiamento
R$ 120.000 − R$ 50.000 + R$ 30.000 = R$ 100.000

3.5. Aplicação Prática da Análise de Demonstrativos Financeiros

Como mencionamos, a análise de demonstrativos financeiros é um componente importante de uma análise financeira. Explicaremos, a seguir, a aplicação prática de modelos de análise financeira em conjunto com índices, análise horizontal e vertical e técnicas de projeção. Vamos explorar um exemplo prático para ilustrar como esses conceitos se encontram no mundo real dos negócios.

Índices financeiros ajudam a compreender a situação financeira operacional de uma empresa em um determinado momento. Considere o índice de liquidez corrente, que avalia sua capacidade de cobrir suas dívidas de curto prazo. Suponhamos que uma empresa tenha um índice de 2, o que significa que ela possui o dobro de ativos circulantes em relação às suas dívidas de curto prazo. Isso sugere uma posição financeira mais sólida. Os índices, no entanto, identificam áreas de atenção, permitindo uma análise mais detalhada da eficiência operacional de uma empresa.

O Retorno sobre o Ativo (ROA) é um exemplo de índice muito usado em análise financeira. Suponhamos que a Empresa X tenha um ROA de 10%, enquanto a Empresa Y tem 5%. Isso significa que a Empresa X está gerando mais lucro em relação aos seus ativos, indicando uma utilização mais eficiente dos recursos.

As análises horizontal e vertical mostram, respectivamente, uma visão temporal e proporcional dos demonstrativos financeiros e devem ser feitas usando demonstrativos comparáveis. Ao utilizar a análise horizontal para comparar os números ao longo de vários anos, podemos identificar as flutuações em áreas operacionais significantes. Por exemplo, se a receita da Empresa X aumentou 20% nos últimos três anos, enquanto a da Empresa Y cresceu apenas 5%, isso sinaliza um desempenho superior ao da Empresa X. Ao analisar a estrutura vertical de uma empresa, podemos identificar a porcentagem de cada linha em relação ao total. Por exemplo, se os custos operacionais da Empresa C representam 40% da receita total, enquanto os da Empresa D são 60%, isso indica uma eficiência operacional superior para a Empresa C.

A projeção financeira, componente importante de uma análise financeira, auxilia investidores que desejam antecipar o desempenho futuro de uma empresa. Utilizando técnicas como o Fluxo de Caixa Descontado, os analistas podem estimar o valor presente de futuros fluxos de caixa. Suponhamos que uma empresa esteja projetando um crescimento consistente nos próximos cinco anos, com base em suas iniciativas estratégicas. Isso poderia influenciar positivamente a decisão de investir nessa empresa. Também podemos aplicar a técnica para estimar o valor intrínseco de uma ação. Se a estimativa do valor presente dos fluxos de caixa futuros for maior do que o de mercado atual, isso sugere que a ação pode estar subvalorizada, apresentando uma oportunidade de investimento.

Nos quadros a seguir, mostramos os principais índices financeiros usados em análise financeira, além de exemplos de uma análise horizontal e vertical de demonstrativos financeiros de comparáveis.

Quadro 3.1 – Índices financeiros.

Índices	Fórmula	Interpretação
Índices de Liquidez		
Corrente	Ativo Circulante/Passivo Circulante	Capacidade de cobrir obrigações de curto prazo.
Seca	(Ativo Circulante – Estoque)/Passivo Circulante	Avalia a liquidez desconsiderando o estoque.
Índices de Solvência		
Dívida pelo Patrimônio	Dívida Total/Patrimônio Líquido	Proporção do financiamento da empresa com capital próprio.
Índice de Cobertura de Juros	(Lucro antes de Juros e Impostos)/Despesas com Juros	Mede a capacidade da empresa de cobrir suas despesas com juros.
Índices de Eficiência		
Giro do Ativo	Receita Total/Média do Ativo Total dos Últimos 2 anos[5]	Eficiência na utilização dos ativos para gerar receitas.
Giro dos Estoques	Custo dos Produtos Vendidos/Estoque Médio	Frequência com que o estoque é renovado.
Índices de Rentabilidade		
Retorno no Patrimônio	Lucro Líquido/Patrimônio Líquido	Rentabilidade do patrimônio líquido.
Retorno nos Ativos	Lucro Líquido/Ativo Total Médio e Patrimônio Líquido Médio[6]	Eficiência na geração de lucro em relação aos ativos.

---

[5] Na verdade, o denominador desses índices seria a média dos ativos totais dos últimos 2 anos. Por simplicidade, usaremos apenas o valor total do último ano em exemplos e questões.

[6] Na verdade, o denominador desses dois índices seria, respectivamente, a média dos ativos totais dos últimos 2 anos e a média do patrimônio líquido nos últimos 2 anos.

Capítulo 3: Análise de Demonstrativos Financeiros

Tabela 3.4 – Demonstrativos financeiros padronizados – *Common size statements.*
Balanço Patrimonial

Contas	Ano 2	Ano 1
Ativo Circulante	55%	60%
Ativo não Circulante	45%	40%
Ativo Total	100%	100%
Passivo Circulante	20%	30%
Passivo não Circulante	45%	40%
Patrimônio Líquido	35%	30%
Passivo Total + Patrimônio	100%	100%

Demonstração do Resultado do Exercício

Contas	Ano 2	Ano 1
Receita Total	100%	100%
Custo dos Produtos Vendidos	35%	40%
Despesas Operacionais	25%	30%
Lucro Bruto	40%	30%
Despesas Financeiras	4%	5%
Lucro antes de Impostos	36%	25%
Impostos sobre Lucro	12%	8%
Lucro Líquido	24%	17%

Ao analisar os percentuais nas tabelas do BP e da DRE, podemos destacar mudanças significativas na estrutura financeira e no desempenho operacional ao longo de dois anos. Por exemplo, no balanço patrimonial podemos observar um aumento de 5% no patrimônio líquido, já na DRE podemos notar uma diminuição nos custos e nas despesas, e um consequente aumento de 7% no lucro líquido.

Exemplo 3.2. Aplicação da Análise de Demonstrativos Financeiros

Você recebeu os seguintes demonstrativos financeiros para a empresa DEF Ltda. para o ano de 20X4:

Balanço Patrimonial	
Contas	**% do Ativo Total**
Ativo Circulante	20%
Ativo não Circulante	80%
Ativo Total	100%
Passivo Circulante	50%
Passivo não Circulante	40%
Passivo Total	90%
Patrimônio Líquido	10%

Demonstração de Resultados	
Contas	**% da Receita Total**
Receita Total	100%
Custo dos Produtos Vendidos (CPV)	50%
Despesas Operacionais	40%
Lucro Operacional	10%
Despesas com Juros	10%
Imposto de Renda	0%
Lucro Líquido	0%

Observando os Demonstrativos Financeiros da DEF Ltda. Nota-se uma baixa liquidez (ativo circulante de apenas 20% do ativo total) e uma alta alavancagem (passivo total de 90% do ativo total). Além disso, a empresa está operando com prejuízo, tendo um lucro líquido negativo de 10% da receita total.

Podemos calcular os seguintes índices financeiros:
Liquidez Corrente: Ativo Circulante/Passivo Circulante
Resposta: 20%/50% = 0.4

Retorno sobre o Patrimônio (ROE): Lucro Líquido/Patrimônio Líquido
Resposta: 0%/10% = 0

Índice de Cobertura de Juros: Lucro Operacional/Despesas com Juros
Resposta: 10%/10% = 1x

Baseado na análise preliminar e nos cálculos dos índices podemos dizer que a situação da DEF Ltda. merece atenção, pois a empresa possui baixa liquidez, está altamente alavancada, e não gerou lucro líquido, o que indica dificuldades financeiras significativas e uma baixa capacidade de honrar suas obrigações de curto prazo.

3.6. Limitações e Desafios da Análise dos Demonstrativos Financeiros

A análise de demonstrativos financeiros, embora seja uma ferramenta essencial na avaliação do desempenho de uma empresa, enfrenta uma série de desafios e limitações que podem impactar a precisão das conclusões.

Um dos principais desafios reside na possível manipulação e apresentação seletiva de dados por parte das empresas. Muitas vezes, empresas podem ajustar suas políticas contábeis ou realizar transações específicas para otimizar o resultado de seus demonstrativos, tornando crucial uma abordagem crítica na interpretação desses documentos. Outra limitação comum é a falta de uniformidade nos padrões contábeis internacionais. Diferenças nas práticas contábeis entre empresas e países podem dificultar comparações diretas, tornando essencial o entendimento do contexto específico de cada organização. Além disso, as mudanças frequentes nas normas contábeis podem gerar inconsistências temporais nos demonstrativos financeiros, impactando a continuidade das análises ao longo do tempo.

A dependência de estimativas contábeis representa um terceiro desafio. Itens como depreciação, provisões para perdas e avaliações de ativos intangíveis envolvem certo grau de subjetividade. Variações nessas estimativas podem influenciar significativamente a interpretação dos resultados financeiros. Isso ressalta a necessidade de os analistas considerarem a prudência nas conclusões baseadas em números que envolvem estimativas consideráveis.

O contexto macroeconômico também desempenha um papel crítico na análise financeira. Variações nas taxas de juros, flutuações cambiais e imprevistos podem afetar significativamente o desempenho financeiro de uma empresa. A complexidade das transações financeiras modernas é outro desafio. Fusões, aquisições e reestruturações corporativas podem distorcer a imagem financeira de uma organização, especialmente quando se trata de consolidar demonstrativos de entidades diferentes. Isso demanda uma compreensão aprofundada das operações da empresa e uma análise cuidadosa das notas explicativas para obter informações que podem escapar das análises convencionais.

A interpretação de dados financeiros também é sensível a eventos não recorrentes, como litígios ou eventos não esperados. A inclusão ou a exclusão desses eventos nos demonstrativos podem distorcer a visão do resultado financeiro da empresa, exigindo discernimento na avaliação da relevância desses acontecimentos.

Uma abordagem crítica e consciente é fundamental ao analisar demonstrativos financeiros. Reconhecer as limitações inerentes, desde a subjetividade das estimativas até a complexidade das transações, permite que os investidores e analistas tomem decisões informadas, considerando a realidade complexa e dinâmica do mercado financeiro.

Exemplo 3.3. Desafios da Análise de Demonstrativos Financeiros

A empresa JKL Corp. apresenta os seguintes dados financeiros:

Demonstração de Resultados – 1º trimestre 20X4:

Contas	Valor (R$)
Receita Total	1.000.000
Custo dos Produtos Vendidos (CPV)	600.000
Despesas Operacionais	200.000
Despesas com Juros	50.000
Imposto de Renda	30.000
Lucro Líquido	**120.000**

Balanço Patrimonial – 1º trimestre 20X4:

Contas	Valor (R$)
Ativo Circulante	300.000
Ativo não Circulante	700.000
Ativo Total	**1.000.000**
Passivo Circulante	200.000
Passivo não Circulante	500.000
Passivo Total	**700.000**
Patrimônio Líquido	**300.000**

Ao analisar os demonstrativos da JKL Corp. observamos algumas limitações e desafios. Podemos citar dois:

1. Informação histórica: os demonstrativos financeiros são históricos e não refletem eventos futuros. Mudanças significativas no mercado ou na economia podem afetar a *performance* futura da empresa.
2. Valores contábeis *vs.* valores de mercado: os valores apresentados são contábeis e podem não refletir o valor real de mercado dos ativos e dos passivos da empresa.

Resumo

Neste capítulo trouxemos a discussão dos demonstrativos financeiros e sua utilização na análise financeira, abordando os três principais demonstrativos, os principais indicadores e os desafios que esta análise traz para o mercado financeiro. É de suma importância que o profissional de investimentos tenha conhecimentos sobre os demonstrativos financeiros e consiga aplicar as técnicas de análise financeira no dia a dia de seu trabalho. Além de compreender que as limitações existentes devem ser observadas para evitar que os resultados obtidos possuam vieses e/ou informações incorretas.

Questões e Problemas

1. Explique a importância de compreender os demonstrativos financeiros de uma empresa ao analisar sua saúde financeira. Quais são os principais elementos que você consideraria ao examinar uma DRE?
2. Como a interpretação correta dos BP pode oferecer informações sobre a estrutura financeira de uma empresa?
3. Explique como os investidores utilizam as informações contidas nos demonstrativos financeiros para tomar decisões informadas sobre alocação de recursos.

4. Como índices financeiros e técnicas de projeção podem ser utilizados para avaliar o desempenho futuro de uma empresa?

5. Liste duas limitações importantes associadas à análise de demonstrativos financeiros. Como elas podem impactar a tomada de decisões dos investidores?

6. Considerando os dados da Empresa XYZ S/A para o final do Período de 20x4, calcule o Lucro Líquido, o Patrimônio Líquido e a Variação no Fluxo de Caixa.

Balanço Patrimonial:	
Ativo Total	R$ 600.000
Passivo Total	R$ 550.000
Demonstração do Resultado:	
Receita Total	R$ 800.000
Custo dos Produtos Vendidos (CPV)	R$ 500.000
Despesas Operacionais	R$ 350.000
Despesas com Juros	R$ 15.000
Imposto de Renda	R$ 35.000
Demonstração de Fluxo de Caixa:	
Fluxo de Caixa das Operações	R$ -120.000
Fluxo de Caixa dos Investimentos	R$ 50.000
Fluxo de Caixa do Financiamento	R$ 30.000

7. Considere os seguintes demonstrativos financeiros em formato para a empresa GHI S.A. para o ano de 20x4:

Balanço Patrimonial:	
Contas	% do Ativo Total
Ativo Circulante	60%
Ativo não Circulante	40%
Ativo Total	100%
Passivo Circulante	30%
Passivo não Circulante	40%

Balanço Patrimonial:	
Contas	% do Ativo Total
Passivo Total	70%
Patrimônio Líquido	30%

Demonstração de Resultados:	
Contas	% da Receita Total
Receita Total	100%
Custo dos Produtos Vendidos (CPV)	50%
Despesas Operacionais	20%
Despesas com Juros	5%
Lucro Operacional	25%
Imposto de Renda	5%
Lucro Líquido	20%

De acordo com os demonstrativos em formato apresentados, responda às seguintes questões:

a) O que se observa sobre a situação financeira da empresa?

b) Calcule os índices de Liquidez Corrente, Retorno sobre o Patrimônio Líquido (ROE) e Cobertura de Juros?

c) Baseados nas respostas das letras a e b, qual sua opinião sobre a situação financeira desta empresa?

8. A empresa MNO S/A. apresenta os seguintes dados financeiros:

Demonstração de Resultados para 20X4:	
Contas	Valor (R$)
Receita Total	2.000.000
Custo dos Produtos Vendidos (CPV)	1.200.000
Despesas Operacionais	400.000
Despesas com Juros	80.000
Imposto de Renda	60.000
Lucro Líquido	260.000

Capítulo 3: Análise de Demonstrativos Financeiros

Balanço Patrimonial para 20X4:	
Contas	Valor (R$)
Ativo Circulante	600.000
Ativo não Circulante	1.400.000
Ativo Total	2.000.000
Passivo Circulante	400.000
Passivo não Circulante	1.000.000
Passivo Total	1.400.000
Patrimônio Líquido	600.000

Cite e explique três limitações e desafios da análise de demonstrativos financeiros, considerando os dados da MNO S/A. apresentados:

Questões Comentadas – Exame CFA®

1. Which of the observations below most likely reduces the quality of earnings of the company? The company:
A) Recognizes revenues when a customer's places the order for a service
B) Reduced the discount period given to customers to pay for the services.
C) Pays cash to buy inventory instead of financing the purchase.

Comentário: O reconhecimento de receita antes do término do serviço (ou entrega do produto) caracteriza manipulação de lucro (*earnings management*) e é um ponto de atenção com relação às práticas contábeis da empresa. A alternativa B, redução no período de descontos, e a alternativa C, pagamentos à vista por compra de estoque (*inventory*) indicam práticas normais de negócio. **Resposta: A.**

2. Which of the following is a possible way for a company to increase its reported net income without characterizing accounting manipulation?
A) Record more deferred revenues.
B) Change its inventory method.
C) Recognizing expenses once they are paid

Comentário: Aumento nas receitas deferidas (alternativa A) e contabilização das despesas apenas após o pagamento (alternativa C) caracterizam manipulação contábil. Mudar o método de contagem de estoque (*inventory method*) do método LIFO (UEPS) para o FIFO[7] (PEPS) pode causar um aumento no lucro líquido sem necessariamente constituir manipulação contábil. **Resposta: B.**

3. Under the IFRS 8, the payment of dividends is classified as:
A) An operational cash outflow.
B) An inflow from investments.
C) An outflow from financing activities.

Comentário: O pagamento de dividendos representa uma saída (*outflow*) de dinheiro. Como a política de pagamento de dividendos é uma decisão financeira de cada empresa, o pagamento de dividendos é considerado como uma saída de caixa devido a uma atividade financeira. **Resposta: C.**

---

[7] O método FIFO reconhece o estoque vendido a partir das primeiras unidades compradas, enquanto o LIFO reconhece o estoque vendido a partir das últimas unidades compradas. Se as últimas unidades compradas forem mais caras, o custo das mercadorias vendidas no LIFO será maior e o lucro menor. Usando FIFO, o custo das mercadorias vendidas é menor e, consequentemente, o lucro é maior.

[8] Tanto em países que usam a contabilidade padrão GAAP, quanto nos que usam o padrão IFRS, o pagamento de dividendos é considerado uma saída de caixa por motivo financeiro.

4. Which of the following measures should a financial analyst use to assess a company's liquidity?
A) Return on the Equity, ROE.
B) Return on Assets, ROA.
C) Current Ratio.
Comentário: O *current ratio* mede a capacidade de uma empresa honrar seus compromissos de curto prazo usando apenas os ativos circulantes (caixa, contas a receber e estoque), o que é um indicativo de liquidez. As alternativas A e B medem a lucratividade da empresa (*profitability ratios*).
Resposta: C.

5. What are the correct order of steps on the financial statement analysis framework?
A) Data Collection, Analysis, Recommendation.
B) Purpose, Data Collection, Data Processing, Analysis, Recommendation.
C) Purpose, Data Processing, Recommendation.
Comentário: Os passos de uma análise de demonstrativos financeiros (*finacial statement framework*) incluem: propósito da análise, coleta de dados, processamento dos dados, análise e interpretação dos dados, e recomendação de ação.
Resposta: B.

Capítulo 4: *Environment, Social and Governance – ESG*

Objetivos de Aprendizado:

1. Compreender o conceito de *ESG* no ambiente financeiro.
2. Classificar as categorias de Investimento *ESG*.
3. Explicar a avaliação de desempenho financeiro de acordo com *ESG*.
4. Verificar a integração do *ESG* na estratégia de investimentos.
5. Entender o impacto do *ESG* nas decisões do mercado financeiro.

Neste capítulo iremos apresentar o conceito de *Environment, Social and Governance* (meio ambiente, responsabilidade social e governança) – *ESG*, que leva em conta seus princípios e tem impactado o mundo dos investimentos e mercados financeiros nos últimos anos. Assim, buscamos oferecer uma definição e explicação concisa sobre o seu significado e importância, destacando seu impacto nas decisões financeiras e de investimentos no contexto *ESG*.

No mercado financeiro, o impacto *ESG* vai além dos tradicionais indicadores financeiros, pois incorpora considerações ambientais, sociais e de governança na análise de investimentos. No contexto ambiental, avalia-se o impacto da empresa no meio ambiente, considerando práticas sustentáveis e eficientes, e de baixo impacto negativo ao meio ambiente. No aspecto social, observa-se como a empresa trata seus colaboradores, clientes e comunidades. Em governança, analisam-se práticas de gestão, transparência e ética corporativa.

Empresas que adotam práticas *ESG* levam vantagem nos seguintes aspectos:

• Sustentabilidade financeira: empresas com boas práticas *ESG* tendem a ser mais sustentáveis a longo prazo. A consideração de fatores ambientais assegura a gestão responsável dos recursos, enquanto aspectos sociais e de governança fortalecem a estabilidade e a integridade corporativa.

• Riscos: a integração do *ESG* nas análises de investimento ajuda a identificar riscos associados a práticas não sustentáveis. Investidores têm percebido que empresas comprometidas com *ESG* geralmente apresentam menor exposição a riscos legais, regulatórios e sociais.

• Investidores: investidores institucionais e indivíduos estão cada vez mais preocupados com o impacto social e ambiental de seus investimentos. Empresas que incorporam os princípios *ESG* podem atrair um grupo mais amplo de investidores, aumentando sua base de apoio.

A fabricante de sorvetes Ben & Jerry's é um exemplo no contexto *ESG*, destacando-se em práticas sociais e ambientais, com um compromisso com a equidade salarial e o envolvimento comunitário. No aspecto ambiental, a preferência por ingredientes sustentáveis e a busca pela neutralidade de carbono demonstram um firme comprometimento com práticas comerciais responsáveis. Esse exemplo evidencia como uma marca específica incorpora de forma vanguardista os princípios do *ESG*, tornando-se uma referência positiva para investidores interessados em responsabilidade social e ambiental. Integrar o *ESG* nas decisões financeiras não é apenas uma escolha ética, mas uma estratégia de investimento inteligente que promove o crescimento sustentável do mercado financeiro.

Empresas que seguem a "cartilha" *ESG* adotam critérios específicos relacionados ao meio ambiente, à responsabilidade social e às boas práticas de governança corporativa nos seguintes contextos:

• Meio ambiente – no contexto ambiental, os critérios *ESG* enfocam a sustentabilidade e a gestão responsável dos recursos. Empresas são avaliadas com base em suas práticas relacionadas às mudanças climáticas, à eficiência energética e à gestão de resíduos. Por exemplo, uma empresa comprometida com o meio ambiente pode adotar políticas de redução de emissões de carbono, investir em energias renováveis e implementar práticas de conservação de recursos. Esses critérios ambientais refletem a responsabilidade corporativa, e antecipam a capacidade da empresa de enfrentar desafios relacionados às mudanças climáticas, às regulamentações ambientais e às demandas dos consumidores conscientes.

• Responsabilidade social – a responsabilidade social no âmbito *ESG* abrange as relações da empresa com seus funcionários, comunidades e sociedade em geral. Práticas como equidade salarial, diversidade e inclusão, e programas de envolvimento comunitário são fatores-chave. Investidores que consideram a responsabilidade social buscam empresas que demonstrem respeito pelos direitos dos trabalhadores, e que também estejam comprometidas em contribuir positivamente para as comunidades em que operam. Empresas que adotam políticas sociais robustas muitas vezes apresentam menor risco de litígios trabalhistas, aumentando a confiança dos investidores na sustentabilidade do modelo de negócios.

• Governança corporativa – uma boa governança corporativa é vital para o funcionamento eficiente e ético de uma empresa. Os critérios *ESG* relacionados à governança avaliam práticas como transparência, integridade da gestão, estrutura do conselho e equidade acionária. Empresas com boas práticas de governança corporativa são mais propensas a evitar escândalos corporativos, minimizar conflitos de interesses e garantir uma tomada de decisões mais equitativa. Investidores consideram esses critérios como indicadores de confiabilidade e estabilidade, fatores que são fundamentais para uma análise de investimento a longo prazo.

A integração efetiva dos critérios *ESG* na análise de investimento pode ter impactos substanciais na tomada de decisões. Empresas com forte desempenho *ESG* muitas vezes são percebidas como menos arriscadas e mais preparadas para enfrentar desafios futuros. Isso pode influenciar positivamente o custo de capital para a empresa, bem como sua atratividade para investidores responsáveis. Além disso, a crescente conscientização sobre os impactos ambientais e sociais das atividades corporativas leva os investidores a considerarem o *ESG* não apenas como uma abordagem ética, mas como uma estratégia de gestão de riscos e busca por retornos sustentáveis. Ao incorporar os critérios *ESG* em decisões de investimento, os investidores podem buscar retornos financeiros, além de alinhar seus valores com empresas comprometidas com práticas ambientais, sociais e de governança responsáveis. Essa abordagem contribui para a construção de carteiras otimizadas, assim como é importante na promoção de práticas de negócios sustentáveis.

Na categoria de investimentos *ESG* distinguimos os seguintes modelos:

Triagem negativa	Exclui investimentos não compatíveis com ESG.
Triagem positiva	Foco em investimentos compatíveis com ESG.
Integração ASG	Inclui ESG como critério para alocação de ativos, por ex.: energia limpa, sustentabilidade.
Engajamento/propriedade ativa	Empresas apoiadas por acionistas ESG.
Investimento de impacto	Resultados positivos de ESG.

Fonte: Adaptado de Neufeld, 2021.

O quadro apresentado mostra que existem várias abordagens para investir de acordo com critérios *ESG*, cada uma com impactos distintos no mercado financeiro. O *Negative Screening*, ou triagem negativa, consiste em excluir setores ou empresas que não atendem aos critérios éticos ou sustentáveis, reduzindo a exposição a riscos associados a práticas não responsáveis. O *Positive Screening*, ou triagem positiva, busca ativamente empresas que adotam práticas sustentáveis, promovendo a alocação de capital em organizações comprometidas com os princípios *ESG* e incentivando práticas responsáveis. A abordagem temática, *Thematic*, concentra-se em setores ou temas específicos alinhados com questões *ESG*, direcionando investimentos para áreas como energias renováveis, saúde sustentável ou tecnologias limpas. Já a integração, *Integration*, incorpora análises *ESG* nas decisões de investimento convencionais, reconhecendo os riscos e as oportunidades associados às práticas corporativas sustentáveis.

O envolvimento ativo, *Engagement/Active*, destaca a interação direta com empresas para influenciar práticas *ESG*, seja por meio de diálogo, votação em assembleias ou colaboração em estratégias sustentáveis. Por fim, o *Impact Investing*, ou investimento de impacto, visa gerar retornos financeiros e impacto social ou ambiental positivo, direcionando capital para iniciativas que buscam soluções para desafios globais.

Essas abordagens diversificadas refletem a crescente importância do *ESG* no cenário de investimentos, impulsionando práticas mais responsáveis e sustentáveis.

4.1. Avaliação de Desempenho Financeiro e *ESG*

A avaliação do desempenho financeiro de empresas sob a perspectiva dos princípios *ESG* é crucial para investidores que buscam alinhar seus investimentos com valores sustentáveis. Por isso, é importante entender como os investidores podem empregar métricas relevantes, índices e indicadores de sustentabilidade para avaliar, de maneira abrangente, o desempenho financeiro das empresas que seguem uma política baseada no *ESG*.

Utilizar métricas relevantes, índices e indicadores de sustentabilidade não apenas oferece uma visão holística do desempenho financeiro, mas também permite aos investidores alinharem seus investimentos com valores sustentáveis. Neste contexto, destacaremos as principais métricas, os índices e os indicadores utilizados na avaliação de desempenho financeiro *ESG*, oferecendo exemplos concretos para ilustrar a aplicação prática dessas ferramentas.

- Índice de carbono – métrica das emissões de gases de efeito estufa associadas às operações da empresa. Empresas que buscam uma emissão de carbono menor estão mais alinhadas com práticas sustentáveis e preocupadas com as mudanças climáticas.

- Diversidade e inclusão – avaliam a representação de grupos diversos na força de trabalho, considerando gênero, etnia e outros indicadores. A diversidade e a inclusão são métricas sociais essenciais para empresas que buscam equidade em seu ambiente de trabalho.

• *Turnover* – indica a rotatividade de funcionários em uma empresa. Baixas taxas de *turnover* podem ser indicativas de um ambiente de trabalho saudável e políticas de gestão eficazes, contribuindo para a sustentabilidade social.

• Índices e classificações *ESG* do mercado – são índices utilizados por analistas baseados em dados do mercado financeiro. Os dois mais importantes são o *Dow Jones Sustainability Index* (DJSI), que destaca as empresas líderes em sustentabilidade global, avaliando critérios *ESG* em diversas dimensões. O outro índice é o *FTSE4Good Index*, que identifica empresas que atendem a padrões éticos e sustentáveis, favorecendo práticas de responsabilidade corporativa. Esse índice é uma referência para investidores que buscam empresas socialmente responsáveis.

As empresas incluídas no DJSI exibem práticas *ESG* comprovadas.

• Indicadores de sustentabilidade – são métricas que utilizam dados contábeis (fundamentos) na métrica *ESG*. Como por exemplo:

a) Retorno sobre o Investimento Social (ROSI), que mede o impacto financeiro das iniciativas sociais da empresa relacionando os investimentos sociais com os retornos financeiros. Empresas que maximizam o ROSI destacam-se na integração bem-sucedida de práticas sociais.

b) Índice de Sustentabilidade Empresarial (ISE), que avalia empresas listadas na Bolsa de Valores de São Paulo, que adotam boas práticas *ESG*, proporcionando uma visão do mercado brasileiro. O ISE é um indicador-chave para investidores interessados no cenário sustentável brasileiro.

c) Lucro por Ação (LPA) Ajustado pelo *ESG*. Considera fatores *ESG* para ajustar o lucro por ação, proporcionando uma visão mais holística do desempenho financeiro. O LPA ajustado pelo *ESG* reflete a capacidade da empresa de integrar práticas sustentáveis em seu modelo de negócios.

Grandes empresas levam muito a sério os conceitos *ESG* em suas operações. Por exemplo, em relação à emissão de carbono, podemos citar a Tesla (NASDAQ: TSLA) que, ao focar em veículos elétricos, reduz significativamente a emissão de carbono em comparação com fabricantes tradicionais de automóveis movidos a combustível fóssil. Também destacamos a Microsoft (NASDAQ: MSFT), que implementa políticas ativas para aumentar a diversidade em sua força de trabalho, refletindo em sua classificação positiva de métricas de inclusão e diversidade. A Unilever (NYSE: UL), é reconhecida por suas práticas de sustentabilidade, destacando-se como uma empresa líder em responsabilidade corporativa. No Brasil, podemos incluir na lista a Natura &Co (NTCO3), que demonstra seu compromisso com a gestão transparente e eficaz de impactos sociais, sobretudo em relação à diversidade, como parte integrante de sua estratégia de negócios sustentáveis; e a Petrobras (B3: PBR), que faz parte do ISE, e destaca seus esforços para integrar práticas sustentáveis em uma indústria tradicionalmente conhecida por práticas ambientais não sustentáveis, evidenciando seu compromisso com a responsabilidade corporativa.

Essas métricas, índices e indicadores são instrumentos essenciais para investidores que desejam avaliar o desempenho financeiro de empresas *ESG*. Ao integrar essas ferramentas em suas análises, os investidores podem tomar decisões informadas que vão além dos retornos financeiros imediatos, contribuindo para a construção de carteiras sustentáveis e socialmente responsáveis. Além disso, a crescente disponibilidade e padronização dessas métricas facilitam a comparação e a seleção de empresas alinhadas com os princípios *ESG*, impulsionando práticas mais éticas e sustentáveis no mercado de investimentos.

Ao avaliar o desempenho financeiro com base nos princípios *ESG*, investidores podem utilizar essas métricas, índices e indicadores como parte integrante da análise de investimentos. Incorporar critérios *ESG* fornece uma visão mais completa da *performance* da empresa, bem como ajuda a identificar riscos e oportunidades relacionados à sustentabilidade. Investidores que valorizam a responsabilidade corporativa e a sustentabilidade podem, assim, construir carteiras alinhadas com suas convicções, promovendo um mercado mais ético e competitivo. Ao adotar uma abordagem *ESG* na avaliação do desempenho financeiro, os investidores não apenas buscam retornos financeiros sólidos, mas também têm um papel ativo na promoção de práticas empresariais mais sustentáveis e socialmente responsáveis.

4.2. Integração do *ESG* na Estratégia de Investimentos

Os princípios *ESG* estão transformando o mundo dos investimentos, envolvendo uma abordagem que considera não apenas os retornos financeiros, mas também o impacto ambiental, social e ético das empresas. Orientar os investidores na integração efetiva desses princípios em suas estratégias é crucial para construir carteiras otimizadas e alinhadas com valores sustentáveis. Porém, antes de integrar esses princípios, os investidores precisam compreender cada aspecto do chamado *ESG Investing*. Lembrando que o aspecto "Ambiental" avalia o impacto das operações da empresa no meio ambiente, o "Social" refere-se às práticas relacionadas aos funcionários, às comunidades e à sociedade em geral, como diversidade e direitos humanos. "Governança" aborda questões sobre a transparência da gestão, a independência do conselho e a equidade acionária.

Portanto, integrar os princípios *ESG* na seleção de ativos e investimentos requer a inclusão de métricas específicas durante a análise fundamental. Por exemplo, ao analisar o desempenho ambiental, os investidores podem considerar emissões de carbono de uma empresa, buscando um fundo de investimento *ESG* com pouca (ou nenhuma) exposição a empresas que produzem intensa emissão de carbono no meio ambiente. Investidores também devem ser capazes de identificar riscos associados a fatores *ESG* e compreender como eles podem impactar o desempenho financeiro. Um exemplo é o risco climático, no qual empresas mal preparadas para enfrentar mudanças nas regulamentações ambientais podem enfrentar penalidades financeiras e declínio no valor de mercado. Riscos sociais, como escândalos de trabalho infantil, podem prejudicar a reputação e levar a boicotes de consumidores. A má gestão da governança pode resultar em conflitos de interesses e decisões prejudiciais aos acionistas. Ao avaliar oportunidades *ESG*, os investidores podem identificar empresas que adotam práticas sustentáveis e, portanto, estão bem posicionadas para se beneficiar das tendências de mercado.

Um exemplo é o setor de energias renováveis, no qual empresas comprometidas com a transição para fontes de energia limpa apresentam oportunidades de crescimento consideráveis. As que lideram em práticas de inclusão e diversidade também podem colher benefícios, aproveitando a inovação e a criatividade provenientes de equipes diversas.

Além da seleção dos investimentos *ESG*, os investidores podem adotar uma abordagem de engajamento ativo, envolvendo uma interação direta com empresas para influenciar práticas *ESG*. Investidores institucionais têm, por exemplo, exercido pressão sobre empresas para divulgar informações relacionadas ao clima e adotar metas mais ambiciosas de redução de carbono. O engajamento ativo incentiva a responsabilidade corporativa, além de poder criar um diálogo construtivo que beneficia ambas as partes. Uma estratégia *ESG* efetiva envolve a construção de uma carteira diversificada. Diversificar em empresas que operam em setores considerados socialmente responsáveis reduz riscos específicos do setor e contribui positivamente no retorno do investimento em relação às mudanças no ambiente do mercado, incluindo regulamentações estritas por parte do órgão governamental. Por exemplo, em 2010, o estado da Califórnia implementou o *California Transparency in Supply Chains Act*, que exige que empresas divulguem informações sobre esforços para eliminar trabalho escravo e tráfico humano em suas cadeias de fornecimento. Integrar efetivamente os princípios *ESG* em estratégias de investimento exige uma compreensão profunda desses princípios, uma análise criteriosa de métricas específicas e a consideração cuidadosa dos riscos e oportunidades associados.

Os investidores podem modelar suas estratégias observando exemplos que incorporam com sucesso esses princípios em suas operações, como a Tesla. Ao construir uma carteira *ESG* diversificada, engajar-se ativamente com empresas e permanecer atento aos riscos e oportunidades emergentes, os investidores podem buscar retornos financeiros sólidos e contribuir para um mercado mais sustentável e ético.

Exemplo 4.1. Avaliação de Desempenho Financeiro e Integração Estratégica de um Portfólio de Acordo com *ESG*

Você recebeu as seguintes informações sobre o portfólio de investimentos da empresa PQR Investimentos, que adota critérios *ESG* na seleção dos ativos. O portfólio é composto por três empresas: EcoEnergy, SocialCare e GovTech.

Empenho Financeiro do Portfólio (2023):

Empresa	Retorno (%)	P/E (Preço/Lucro)	Retorno no Patrimônio (ROE)	ESG Score (0-100)
EcoEnergy	8%	15	12%	85
SocialCare	10%	18	14%	90
GovTech	6%	20	10%	80

A análise do portfólio da PQR Investimentos mostra um equilíbrio entre desempenho financeiro e critérios *ESG*:

EcoEnergy: apresenta um retorno moderado de 8%, com um P/E de 15, indicando uma avaliação razoável em relação ao lucro. O ROE de 12% sugere uma boa eficiência em gerar lucro a partir do patrimônio. Com um *ESG* Score de 85, EcoEnergy está bem alinhada com os critérios *ESG*, destacando-se como uma empresa ambientalmente responsável.

SocialCare: tem o melhor desempenho financeiro com um retorno de 10% e um P/E de 18, o que pode indicar uma avaliação mais alta em relação ao lucro. O ROE de 14% é a maior entre as empresas, mostrando forte eficiência na utilização do patrimônio. O *ESG* Score de 90 reflete um compromisso significativo com critérios sociais.

GovTech: apresenta o menor retorno de 6%, com um P/E de 20, sugerindo uma avaliação mais alta e possivelmente sobrevalorizada. O ROE de 10% é o menor, indicando menor eficiência em relação às outras empresas do portfólio. No entanto, com um *ESG* Score de 80, ainda demonstra um bom compromisso com critérios de governança.

Em resumo, o portfólio de PQR Investimentos está bem diversificado, equilibrando retornos financeiros razoáveis com altos *ESG* Scores. A empresa está bem posicionada para atrair investidores que valorizam tanto o desempenho financeiro quanto os princípios *ESG*.

4.3. Impacto do *ESG* nas Decisões do Mercado Financeiro

Nos últimos anos, as práticas empresariais que levam em conta *ESG* têm exercido um impacto significativo nas decisões do mercado financeiro. Essa abordagem, centrada em práticas sustentáveis e responsáveis, tornou-se um fator determinante nas escolhas de investimento, comportamento dos investidores, precificação de ativos e políticas corporativas.

As tendências *ESG* têm desempenhado um papel transformador no comportamento dos investidores, impulsionando uma mudança em direção a carteiras mais sustentáveis. Investidores institucionais e individuais estão cada vez mais incorporando critérios *ESG* em suas estratégias de investimento, à medida que buscam retornos financeiros e impacto positivo no meio ambiente e na sociedade. A crescente conscientização sobre questões ambientais e sociais está moldando a demanda por investimentos éticos, levando os investidores a considerarem fatores *ESG* como indicadores-chave de desempenho.

A consideração de fatores ESG na precificação de ativos é uma tendência que só vem crescendo nos últimos anos. Empresas com sólidos princípios *ESG* estão sendo percebidas como menos arriscadas e mais competitivas, influenciando positivamente o custo de capital e a avaliação de mercado. Investidores estão cada vez mais reconhecendo que práticas sustentáveis e responsáveis não apenas mitigam riscos associados a regulamentações e mudanças climáticas, mas também indicam eficiência operacional e gestão de riscos aprimorada. Isso se traduz em avaliações mais favoráveis para empresas que adotam uma abordagem proativa em relação ao *ESG*. A influência das tendências *ESG* também se estende às políticas corporativas, com empresas ajustando suas práticas para atender às expectativas dos investidores e às demandas da sociedade.

A transparência nas divulgações de relatórios *ESG* tornou-se uma prática padrão, permitindo que os investidores avaliem o desempenho das empresas nessas dimensões. Empresas líderes estão incorporando metas específicas relacionadas ao *ESG* em suas estratégias de negócios, refletindo o reconhecimento de que a responsabilidade corporativa não é apenas moralmente crucial, mas também vital para a sustentabilidade a longo prazo.

A pressão regulatória é um componente crítico nas tendências *ESG*, com governos e autoridades intensificando esforços para promover práticas responsáveis. Regulamentações específicas destacam a importância de erradicar práticas prejudiciais nas cadeias de fornecimento, ou *Supply Chain*. Além disso, regulamentações de divulgação obrigatória *ESG* estão sendo consideradas em diversas jurisdições, visando aumentar a transparência e fornecer aos investidores informações claras sobre o desempenho *ESG* das empresas. É importante ressaltar que a reputação de uma empresa está intrinsecamente ligada às tendências *ESG*.

Empresas que adotam práticas sustentáveis ganham preferência entre os investidores e os consumidores. A conscientização do consumidor sobre questões ambientais e sociais está moldando as preferências de compra, levando as empresas a ajustarem suas estratégias para atender às expectativas de uma base de clientes cada vez mais preocupada com a ética. Empresas que não respondem adequadamente a essas expectativas enfrentam riscos significativos de perda de clientela e danos à reputação.

A integração de métricas *ESG* é uma prática essencial para as empresas que desejam crescer no mercado. Como abordamos no item "métricas como quantidade de emissão de carbono, prática de diversidade e inclusão, e inclusão de princípios *ESG* na governança corporativa", esses princípios são cada vez mais utilizados para avaliar o desempenho das empresas. Agências de *rating* e índices específicos, como os já citados *DJSI* e *FTSE4 Good Index*, são referências para investidores que buscam empresas comprometidas com práticas sustentáveis. A incorporação dessas métricas nas análises de risco e retorno demonstra uma mudança significativa na forma como as empresas são avaliadas pelos investidores.

Em um cenário financeiro em constante evolução, as tendências *ESG* aparecem como uma força transformadora, influenciando decisões de investimento, comportamento dos investidores, precificação de ativos e políticas corporativas. A crescente conscientização sobre a importância de fatores ambientais, sociais e de governança impulsiona uma mudança significativa nos padrões de investimento, com investidores cada vez mais buscando alinhar seus portfólios com princípios sustentáveis. A integração de métricas *ESG* fornece uma avaliação para aqueles que querem investir e cria um ambiente em que a responsabilidade corporativa é essencial para garantir a confiança e a aceitação do consumidor, ponto fundamental para o crescimento de qualquer empresa.

À medida que regulamentações e pressões sociais convergem para a promoção de práticas mais éticas, as empresas são incentivadas a adotar estratégias de negócios sustentáveis. Nesse contexto, as tendências *ESG* não são apenas uma resposta às preocupações atuais, mas uma abordagem estratégica vital para a construção de um mercado financeiro mais eficiente e ético, capaz de enfrentar os desafios do futuro.

Resumo

Em suma, as tendências *ESG* estão redefinindo o panorama do mercado financeiro, incorporando princípios sustentáveis nas decisões de investimento, na precificação de ativos, nas políticas corporativas e na gestão de riscos. O comportamento dos investidores reflete uma busca por investimentos alinhados com valores éticos, enquanto a precificação de ativos considera cada vez mais os fatores *ESG* como determinantes-chave. Empresas estão respondendo a essa mudança, ajustando suas práticas e adotando políticas transparentes para atrair investidores preocupados com a responsabilidade corporativa. A tendência *ESG* não é apenas uma escolha ética; tornou-se uma abordagem estratégica essencial para investidores e empresas que buscam sustentabilidade a longo prazo nos mercados financeiros globais.

Questões e Problemas

1. Como o comportamento dos investidores está sendo impactado pelas considerações *ESG*?
2. Quais são as principais categorias de investimento para os investidores que levam em conta práticas *ESG*?
3. Explique como a integração de métricas *ESG* pode fornecer uma avaliação mais holística do desempenho das empresas. Dê exemplos específicos.
4. Quais são os riscos e as oportunidades associados às tendências *ESG*?
5. Como as empresas estão respondendo às pressões regulatórias e às expectativas dos investidores em relação às práticas *ESG*?
6. Você recebeu as seguintes informações sobre o portfólio de investimentos da empresa XYZ Investimentos, que adota

critérios *ESG* na seleção dos ativos. O portfólio é composto por três empresas: GreenTech, HealthPlus e FinServe.

Empresa	Retorno (%)	P/E (Preço/Lucro)	Retorno no Patrimônio (ROE)	ESG Score (0-100)
GreenTech	9%	16	13%	88
HealthPlus	7%	17	11%	92
FinServe	5%	22	9%	75

Analise o desempenho financeiro do portfólio de XYZ Investimentos com base nos dados fornecidos. Considere os retornos financeiros, os múltiplos de avaliação (P/E), o ROE e os *ESG* Scores para sua análise.

Questões Comentadas – Exame CFA®

1. An example of good corporate governance most likely includes:
A) An independent board of directors, with rotation among its members functions.
B) A permanent seat for the CEO and the CFO on all board meeting decisions.
C) An auditing committee directly supervised by the CFO.
Comentário: Boa governança corporativa envolve um conselho de administração amplo e independente, com rotação entre seus membros, garantindo que as decisões sejam tomadas de forma imparcial e em benefício dos acionistas e das partes interessadas da empresa. Esse modelo de governança ajuda a garantir a transparência, a responsabilidade e a eficácia na gestão corporativa, promovendo assim a confiança dos investidores e a sustentabilidade a longo prazo da empresa. As respostas B e C são exemplos de uma má política de *governance*, pois decisões do conselho não

devem incluir o voto dos diretores da empresa, para evitar conflitos de interesse. **Resposta: A**.

2. Why has ESG investing gained importance in recent years?

A) It has become a legal requirement for all public companies.

B) It aligns investment strategies with ethical, sustainable, and governance principles, attracting investors concerned with long-term impacts.

C) It guarantees higher returns compared to traditional investments.

Comentário: O investimento *ESG* (Ambiental, Social e de Governança) ganhou importância nos últimos anos porque alinha estratégias de investimento com princípios éticos, sustentáveis e de governança, atraindo investidores preocupados com os impactos a longo prazo. Essa abordagem considera não apenas os retornos financeiros, mas também o impacto social e ambiental das empresas, promovendo uma abordagem mais responsável e consciente dos investimentos. **Resposta: B**.

3. What is negative screening in the context of ESG investing?

A) Selecting only companies that have a positive impact on the environment and society.

B) Excluding certain sectors or companies from investment portfolios based on specific ESG criteria.

C) Not including investments that have a negative rate of return.

Comentário: O *negative screening*, ou triagem negativa, no contexto do investimento *ESG* (Ambiental, Social e de Governança), envolve excluir determinados setores ou em-

presas das carteiras de investimento com base em critérios específicos de *ESG*. Isso significa evitar investimentos em empresas que não atendem aos padrões éticos, ambientais ou sociais desejados pelo investidor, como as envolvidas em atividades prejudiciais ao meio ambiente, práticas trabalhistas questionáveis ou questões de governança corporativa.
Resposta: B.

4. How does positive screening differ from negative screening in ESG investing?
A) Positive screening selects stocks based on high performance in traditional financial metrics.
B) Positive screening invests in companies with strong ESG performance or contributions to positive social or environmental outcomes.
C) There is no difference.
Comentário: O *positive screening*, ou triagem positiva, difere do *negative screening* ao selecionar e investir especificamente em empresas com forte desempenho em *ESG* ou contribuições para resultados sociais ou ambientais positivos. Enquanto o *negative screening* exclui investimentos em empresas que não atendem aos critérios de *ESG*, o *positive screening* busca ativamente as que se destacam nessas áreas, buscando evitar o impacto negativo e promover o impacto positivo. **Resposta: B**.

5. What does distinguish impact investing from other strategies in the context of ESG investing?
A) Impact investing focuses on financial returns, disregarding ESG factors.
B) Impact investing prioritizes investments in companies with positive social or environmental impacts.

C) Impact investing excludes companies with poor ESG *performance* from investment portfolios.

Comentário: O investimento de impacto se distingue de outras estratégias por priorizar investimentos em empresas com impactos sociais ou ambientais positivos, além de retornos financeiros. Essa abordagem busca gerar benefícios tangíveis para a sociedade e o meio ambiente, alinhando os objetivos financeiros com os de sustentabilidade e responsabilidade social. Dessa forma, o investimento de impacto visa obter retornos financeiros além de contribuir positivamente para questões sociais e ambientais. **Resposta: B**.

Capítulo 5: Risco, Retorno e Diversificação de Carteiras

Objetivos de Aprendizado:

1. Compreender o valor do dinheiro no tempo.
2. Discutir a relação entre risco e retorno.
3. Apresentar a gestão do portfólio e a importância da diversificação.
4. Entender a gestão e o gerenciamento de risco.
5. Analisar a moderna teoria da gestão do portfólio.

Neste capítulo, abordaremos o conceito do Valor do Dinheiro no Tempo (TVM) e sua importância nas decisões financeiras, explicaremos o que é o TVM, mostrando como a taxa de juros afeta o valor do dinheiro através do tempo. Isso inclui cálculos para determinar o valor futuro de um investimento e o valor presente de fluxos de caixa futuros, essenciais para avaliar oportunidades de investimento. Em seguida, abordaremos a relação entre risco e retorno em investimentos. Vamos discutir como o risco afeta os retornos esperados dos investimentos e a importância de entender essa relação ao fazer escolhas de investimento. O terceiro ponto focará na gestão de portfólio e na diversificação. Vamos esclarecer como a diversificação ajuda a reduzir o risco do portfólio sem comprometer os retornos potenciais. Serão apresentados exemplos para ilustrar como implementar essa estratégia. Depois, concentraremos em estratégias de gestão de risco, trazendo técnicas para identificar, avaliar e mitigar riscos em investimentos, de modo a construir uma base para proteger seu portfólio contra volatilidades do mercado. Ao final, introduziremos a Teoria Moderna de Portfólio (MPT), explicando como ela orienta na construção de portfólios que equilibram risco e retorno por meio da seleção cuidadosa de diferentes ativos.

5.1. Valor do Dinheiro no Tempo

O conceito de TVM é um princípio fundamental em finanças que reflete a ideia de que R$1,00 hoje não possui o mesmo valor de R$1,00 em um ponto futuro no tempo. Isso se deve, em grande parte, ao risco de investir esse dinheiro para obter um retorno e da inflação, que reduz o poder de compra ao longo do tempo. Em sua essência, o TVM ajuda a determinar o valor presente de uma quantia que será recebida no futuro ou, inversamente, o valor futuro de uma quantia investida hoje.

A compreensão do TVM é importante para a tomada de decisão em finanças e investimentos, permitindo que investidores os avaliem corretamente e determinem o valor justo de produtos financeiros, como ações e títulos.[9] Isso é essencial não apenas para maximizar retornos, mas também para planejar necessidades futuras de capital, avaliar riscos e gerir dívidas de maneira eficaz.

Vamos explorar um exemplo que ilustra o TVM por meio do cálculo do Valor Presente (PV), Valor Futuro (FV), o número de períodos (N) e a taxa de juros por período (i):

---

[9] Não apenas investimentos tradicionais como ações e títulos utilizam TVM no processo de precificação. Derivativos como contratos futuros e *swaps* e, também, investimentos alternativos como imóveis e fundos privados usam TVM no cálculo do preço desses ativos financeiros.

Capítulo 5: Risco, Retorno e Diversificação de Carteiras

Imagine que você deseja economizar para uma viagem que custará R$10.000 daqui a 3 anos. Você aplica em uma conta de poupança que oferece uma taxa de juros anual de 4%. Quanto você precisaria depositar hoje para alcançar seu objetivo? Usando uma calculadora financeira, você precisaria depositar, aproximadamente, R$8.886,62 hoje na conta de poupança para ter R$10.000 daqui a 3 anos. Se, no entanto, você já tem R$8.886,62 e quiser saber em quanto tempo R$8.886,62 se tornarão R$10.000 com uma taxa de 4%, seriam aproximadamente 3 anos. E se você deseja determinar a taxa de juros necessária para que um investimento de R$8.886,62 se torne R$10.000 em 3 anos, seria 4% ao ano.

Esse exemplo demonstra a aplicabilidade e a importância do conceito de TVM em planejamentos financeiros pessoais, permitindo calcular diferentes variáveis envolvidas na realização de objetivos financeiros a longo prazo. É importante observar que, quanto maiores a taxa de juros e o período de investimento, menor será o Valor Presente necessário para obter a quantia desejada no futuro.

Agora vamos mostrar a importância do TVM em relação à tomada de decisões relacionadas a investimentos. Considere um título que promete pagar um cupom anual de R$50 e vai reembolsar o principal de R$1.000 ao fim de 4 anos. Se a taxa de desconto (ou taxa de juros do mercado para títulos de risco similar) for de 6% ao ano, qual seria o valor presente desse título? Usando TVM, o valor do título hoje é a soma dos valores presentes de todos os pagamentos futuros, tanto dos cupons quanto do valor de face (ou principal) do título. Para calcular isso, usamos a fórmula do valor presente:

Preço Atual = *50/1,06 + 50/1,06^2 + 50/1,06^3 + 50/1,06^4 + 1000/1,06^4*
Preço Atual = *47,17 + 44,50 + 41,98 + 39,60 + 792,09 = R$965,35*

Esse cálculo mostra que, considerando a taxa de desconto de 6%, o valor justo do título hoje seria R$965,35. Portanto, se o título estiver sendo vendido por menos que isso no mercado, pode ser considerado um bom investimento, pois está abaixo do seu valor presente. Esse exemplo ilustra como o TVM é aplicado na avaliação de títulos e na tomada de decisões de investimento, enfatizando a importância de considerar tanto os fluxos de caixa futuros quanto a taxa de juros do mercado ao determinar o valor de um investimento financeiro.

O conceito de TVM é fundamental na análise financeira e na precificação de ativos porque permite aos investidores e analistas avaliarem o valor verdadeiro de investimentos, projetos e qualquer fluxo de caixa futuro sob a ótica do presente. Ele reconhece que um valor monetário disponível hoje tem um potencial de investimento maior do que o mesmo disponível no futuro devido à capacidade de gerar rendimentos adicionais. Na precificação de ativos, o TVM é crucial para determinar o preço justo de títulos, ações, imóveis e outros investimentos, levando em consideração os fluxos de caixa futuros que se espera que esses ativos gerem. Ao descontar esses fluxos de caixa futuros para o seu valor presente, os investidores podem comparar o valor intrínseco de diferentes ativos, ajustado pelo tempo e pelo risco, facilitando decisões de investimento baseadas em análises fundamentadas.

Além disso, o TVM ajuda a entender a importância de fatores, como a taxa de juros, a inflação e o risco na determinação do valor de um ativo. Isso é especialmente relevante em ambientes de mercado dinâmicos, nos quais esses fatores podem variar e modo significativo. Portanto, o TVM não é apenas uma ferramenta para avaliar investimentos, mas também uma lente crítica pela qual todo o cenário financeiro deve ser examinado para tomar decisões de investimento estratégicas e informadas.

5.2. Risco e Retorno

O risco em investimentos refere-se à possibilidade de que o retorno real de um investimento seja diferente do retorno esperado. Isso inclui a possibilidade de perder parte ou todo o capital investido. O retorno, no entanto, é o ganho ou a perda gerada por um investimento ao longo de um período, geralmente expresso como uma porcentagem do investimento inicial. A relação entre risco e retorno é fundamental na tomada de decisões de investimento e no gerenciamento de carteiras.

Em geral, investimentos considerados mais arriscados oferecem a possibilidade de retornos mais elevados para compensar os investidores pelo risco adicional assumido. Já os investimentos com menor risco tendem a oferecer retornos mais modestos. Entender essa relação ajuda os investidores a construírem uma carteira que alinha suas metas financeiras com sua tolerância ao risco. Existem várias medidas de retorno, porém, as mais importantes são:

• *Holding Period Return* (HPR) – mede o retorno total de um investimento ao longo de um período específico. Inclui juros, dividendos e variações no preço do ativo. É útil para avaliar o desempenho de um ativo isoladamente.

• *Time-Weighted Return* (TWR) – medida que elimina o impacto de fluxos de caixa externos (entradas e saídas de dinheiro) sobre o retorno de um investimento. É apropriado para avaliar o desempenho de gestores de investimento, pois reflete apenas sua habilidade de seleção de ativos, independentemente do *timing* das entradas e saídas de caixa.

• *Money-Weighted Return* (MWR) – leva em consideração o tamanho e a distribuição temporal dos fluxos de caixa, além do valor final do investimento. É mais adequado para avaliar o desempenho de uma carteira com muitas entradas e saídas de caixa, pois reflete o impacto real dessas movimentações sobre o retorno do investimento.

Medir os riscos de investimentos é essencial para tomar decisões informadas e gerenciar adequadamente uma carteira de investimentos. Diversas métricas e métodos podem ser utilizados para avaliar o risco, cada um oferecendo *insights* sobre diferentes aspectos do risco de investimento. Aqui estão algumas das formas mais comuns de medir riscos:

– Desvio-padrão – é uma medida de volatilidade que indica o quanto os retornos de um investimento variam em torno da média. Quanto maior o desvio-padrão maior a incerteza e, consequentemente, o risco. Investimentos com desvios-padrões altos são considerados mais arriscados, pois seus retornos podem diferir significativamente do retorno médio esperado.

– Beta – mede a sensibilidade dos retornos de um investimento às mudanças no mercado como um todo. Um beta superior a 1 indica que o ativo é mais volátil do que o mercado, enquanto um beta inferior a 1 sugere que é menos volátil. Investidores usam o beta para entender como um investimento específico pode reagir a movimentos de mercado.

– Valor em Risco (VaR) – o VaR é uma técnica que estima a perda máxima esperada de um investimento dentro de um determinado nível de confiança para um período específico. O VaR é amplamente utilizado em gerenciamento de risco, como iremos explicar mais adiante.

– *Downside Deviation* (Desvio de Baixa) – diferente do desvio-padrão, que considera todas as volatilidades, o *Downside Deviation* foca apenas nas volatilidades que resultam em perdas, ou seja, nos retornos abaixo de um determinado *benchmark*. Isso é útil para investidores que querem medir o risco de perdas em seus investimentos.

O desvio-padrão é amplamente utilizado para avaliar o risco total de um portfólio e comparar a volatilidade de diferentes investimentos. O Beta é usado para ajustar a carteira em relação ao risco de mercado, ajudando na decisão de quão agressivo ou conservador o portfólio deve ser. O *Downside Deviation* é particularmente útil para investidores focados em estratégias de minimização de perdas, permitindo a construção de carteiras que buscam limitar o risco de desempenhos negativos.

Cada uma dessas métricas e métodos fornece uma visão diferente sobre o risco de um investimento. Ao usá-los em conjunto, os investidores e os gestores de carteira podem obter uma compreensão mais completa do risco e tomar decisões mais fundamentadas sobre a alocação de seus recursos. As métricas de risco e retorno são ferramentas essenciais no processo de tomada de decisão de investimentos, permitindo aos investidores e gestores de carteira avaliarem e ajustarem suas estratégias para alinharem riscos, retornos e objetivos financeiros.

Exemplo 5.1. Relação entre Risco e Retorno

A ABC Investimentos está analisando o desempenho de três ativos diferentes: Ação A, Ação B e Ação C. A tabela a seguir apresenta o retorno anual esperado e o desvio-padrão (como medida de risco) para cada ativo.

Dados dos Ativos (20XY)

Ativo	Retorno Esperado (%)	Desvio-Padrão (%)
Ação A	10	15
Ação B	8	10
Ação C	12	20

a) Qual ativo apresenta o melhor desempenho em relação ao retorno esperado e o risco incorrido?

O ativo com o melhor desempenho em relação ao retorno esperado e o risco incorrido é a Ação B. Para a ação A, é 0,67 (10/15), da ação B é 0,8 (8/10), e para a ação C é 0,6 (12/20).

b) Como você descreveria a relação entre risco e retorno com base nos dados dos três ativos?

A relação entre risco e retorno nos dados fornecidos mostra que, em geral, ativos com maior retorno esperado também apresentam maior risco. Ação A e Ação C seguem essa tendência, na qual um aumento no retorno esperado está associado a um aumento no desvio-padrão.

c) Se um investidor tem aversão ao risco, qual ativo você recomendaria, e por quê?

Se um investidor tem aversão ao risco, a ação a ser recomendada seria a B, que apresenta o menor desvio-padrão (10%) e um retorno esperado razoável (8%) e o melhor desempenho em relação ao retorno esperado e o risco incorrido. A menor variabilidade nos retornos torna a Ação B uma escolha mais segura para investidores avessos ao risco.

5.3. Gestão e Diversificação do Portfólio

A diversificação de ativos é uma estratégia central na gestão de portfólios, baseada no princípio de não colocar todos os ovos na mesma cesta, ou seja, concentrar todo o recurso no mesmo ativo financeiro. O objetivo é reduzir o risco do portfólio sem sacrificar o retorno esperado, por meio da alocação de investimentos entre diversas categorias de ativos, como ações, títulos, imóveis e moedas, que não se movimentam de maneira similar.

A lógica por trás da diversificação é que diferentes ativos e classes de ativos reagem de maneira diferente a condições econômicas e de mercado variadas. Enquanto algumas categorias podem ter um desempenho ruim, outras podem se sair bem, balanceando o risco no portfólio como um todo.

Suponha que um portfólio esteja 100% formado por ações. Durante uma queda do mercado de ações, é provável que o portfólio sofra uma desvalorização significativa. No entanto, se ele estiver diversificado entre ações, títulos governamentais e imóveis, a queda no valor das ações pode ser parcialmente compensada pelo desempenho estável ou positivo dos títulos e imóveis, reduzindo o impacto geral no valor total.

A alocação de ativos envolve decidir quanto do portfólio é distribuído em diferentes categorias de ativos, com base na tolerância ao risco do investidor, nos objetivos financeiros e no horizonte de tempo. Uma alocação estratégica de ativos é crucial para a diversificação eficaz. Para um investidor conservador que busca preservar capital e tem um horizonte de tempo curto, a alocação de ativos pode incluir uma maior proporção de títulos de renda fixa e uma menor proporção de ações. Isso reduz a volatilidade do portfólio, pois os títulos tendem a ser menos voláteis do que as ações.

Em gerenciamento de riscos de carteiras de investimento, podemos dividi-lo em duas categorias: o risco sistemático e o risco não sistemático.

Risco sistemático (ou de mercado) refere-se ao que afeta o mercado como um todo e não pode ser eliminado pela diversificação. Exemplos incluem riscos políticos, econômicos e catástrofes naturais. Já o risco não sistemático (ou específico) refere-se ao associado a uma empresa ou setor específico. Ele pode ser mitigado pela diversificação. Por exemplo, investir em várias empresas dentro do mesmo setor pode reduzir o risco específico da empresa, mas ainda deixa o portfólio exposto ao risco do setor. Expandindo os investimentos para incluir vários setores, bem como diferentes classes de ativos, o investidor pode reduzir tanto o risco específico da empresa quanto o do setor. Minimizar os riscos sem diminuir o retorno de um portfólio é um dos principais objetivos na gestão de investimentos. Além da diversificação de uma carteira incluindo ativos de correlação diferentes, existem algumas estratégias fundamentais que podem ajudar a otimizar a relação risco e retorno de um portfólio, como:

– Alocação de ativos – uma alocação de ativos cuidadosamente planejada, que alinhe o perfil de risco do investidor com seus objetivos financeiros e horizonte de tempo, pode maximizar o retorno esperado para um determinado nível de risco. Isso geralmente envolve a combinação de ativos de maior risco (como ações) com ativos de menor risco (como títulos de renda fixa), em proporções que reflitam a tolerância ao risco do investidor.

– Rebalanceamento regular – o rebalanceamento do portfólio assegura que a alocação de ativos permaneça alinhada com os objetivos de investimento do indivíduo. Com o tempo, algumas classes podem superar outras, desviando o portfólio de sua alocação de ativos. Ao vender ativos que se valorizaram e comprar os que se depreciaram, os investidores podem potencialmente comprar baixo e vender alto, mantendo o perfil de risco desejado.

– Investimento baseado em valor – investir em ativos que parecem estar subvalorizados pelo mercado pode oferecer um potencial de retorno mais alto para um determinado nível de risco. A análise fundamentalista detalhada pode identificar empresas com sólidos fundamentos financeiros cujas ações estão sendo negociadas abaixo do seu valor intrínseco, por exemplo.

– Uso de derivativos para *hedge* – derivativos, como opções e futuros, podem ser usados para proteger o portfólio contra movimentos de mercado adversos. Embora possam introduzir seus próprios riscos, quando usados com cautela, podem ser uma ferramenta eficaz para proteger contra perdas, especialmente em mercados voláteis.

– Investimentos de baixa correlação – incluir ativos que têm baixa correlação uns com os outros pode ajudar a reduzir a volatilidade do portfólio. Quando um ativo está em baixa, outro pode estar em alta, ajudando a estabilizar os retornos globais do portfólio.

– Investimento em títulos de renda fixa de alta qualidade – títulos de renda fixa, especialmente aqueles com classificações de crédito mais altas, podem oferecer um fluxo de receita estável e previsível, reduzindo a volatilidade do portfólio sem sacrificar significativamente os retornos.

A diversificação e a alocação estratégica de ativos são fundamentais para uma gestão eficaz de portfólios. Elas permitem que os investidores minimizem os riscos sem necessariamente sacrificar os retornos esperados. A chave é encontrar o equilíbrio certo entre diferentes tipos de ativos, ajustando a alocação conforme mudam os objetivos financeiros, a tolerância ao risco e o horizonte de tempo. Assim, mesmo em tempos de incerteza no mercado, um portfólio bem diversificado pode proteger contra perdas significativas, enquanto ainda oferece a possibilidade de crescimento. Porém, implementar essas estratégias requer uma compreensão clara dos objetivos de investimento, do horizonte de tempo e da tolerância ao risco do investidor. Uma abordagem bem pensada e disciplinada para a gestão de portfólio pode ajudar a minimizar os riscos enquanto busca maximizar os retornos ao longo do tempo.

Desenvolver habilidades para identificar, avaliar e gerenciar riscos associados a investimentos é fundamental para a criação e manutenção de portfólios bem-sucedidos. Essas habilidades permitem que os investidores tomem decisões mais informadas, otimizem a relação risco e retorno de seus portfólios e busquem proteção contra perdas potenciais.

Discutiremos as estratégias-chave, incluindo a utilização de instrumentos de *hedge* e o conceito de fronteira de Markowitz, que, juntos, formam a base para a construção de carteiras de investimento eficientes.

O primeiro passo é compreender os diferentes tipos de riscos aos quais os investimentos estão sujeitos, como o risco de mercado, de crédito, de liquidez, entre outros. A identificação desses riscos envolve uma análise cuidadosa dos ativos individuais, bem como do ambiente de mercado mais amplo. Ferramentas analíticas e modelos financeiros, junto a análise fundamental e técnica,[10] podem ajudar na avaliação desses riscos.

Uma vez identificados e avaliados os riscos, o próximo passo é gerenciá-los adequadamente. Isso pode incluir a diversificação do portfólio, a alocação estratégica de ativos e o uso de instrumentos de *hedge*, como opções, futuros e contratos de *swap*, para proteger contra perdas. Essas estratégias de *hedge* permitem que os investidores estabeleçam limites de perda ou garantam níveis de retorno, embora muitas vezes venham com custos próprios e requeiram uma compreensão detalhada dos instrumentos utilizados.

A teoria da fronteira de Markowitz é fundamental para o conceito de otimização de portfólios. Markowitz propôs que, por meio da diversificação, os investidores podem maximizar o retorno para qualquer nível de risco dado, ou minimizar o risco para qualquer nível de retorno esperado, por meio da combinação adequada de ativos. A fronteira eficiente é um gráfico que mostra o conjunto de portfólios que oferecem o máximo retorno esperado para um dado nível de risco ou o mínimo risco para um dado nível de retorno esperado. Carteiras localizadas sobre

---

[10] A análise técnica, assim como sua utilização em conjunto com a análise fundamentalista, será discutida no próximo capítulo.

a fronteira eficiente são consideradas ótimas, pois não é possível aumentar o retorno sem também aumentar o risco.

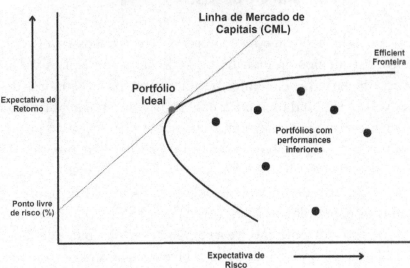

Figura 5.1 – Fronteira eficiente.

Fonte: Jordan; Miller Jr.; Dolvin, 2024.

Para implementar essas estratégias na prática, os investidores podem começar pela análise de seus objetivos de investimento, horizonte de tempo e tolerância ao risco. Com essas informações, podem então construir um portfólio que reflita uma combinação ótima de ativos, posicionando-o sobre ou próximo à fronteira de Markowitz. Isso geralmente requer o uso de *softwares* para estimar os retornos esperados e a volatilidade dos ativos, permitindo uma visualização da fronteira eficiente. Ao manter uma abordagem disciplinada de revisão e rebalanceamento periódico do portfólio, os investidores podem ajustar suas alocações de ativos conforme necessário para manter seus portfólios alinhados com seus objetivos de investimento e mudanças nas condições de mercado, aproveitando as estratégias de *hedge* para proteção adicional, quando apropriado.

5.4. Gerenciamento de Risco

A combinação de uma compreensão dos riscos envolvidos, o uso estratégico de instrumentos de *hedge* e a aplicação da teoria de carteiras eficientes permitem que os investidores desenvolvam habilidades para construir e gerenciar portfólios eficientes, maximizando retornos potenciais enquanto gerenciam riscos. A gestão de risco é um processo sistemático de identificação, análise e resposta aos riscos de investimento, com o objetivo de minimizar os impactos negativos sobre os retornos esperados.

O gerenciamento envolve a compreensão das fontes de risco, a avaliação da probabilidade de ocorrências adversas e a implementação de estratégias para mitigá-los ou eliminá-los. A implementação eficaz começa com a identificação de riscos potenciais, seguida pela sua avaliação quantitativa, a comparação com os níveis de risco aceitáveis definidos pela política da organização e, finalmente, a adoção de medidas para mitigar ou gerenciar os riscos identificados. Isso pode incluir a diversificação de portfólio, o uso de derivativos, como *hedge*, e a implementação de limites de exposição a certos riscos.

Ter uma governança de risco (*Risk Governance*) é crucial porque fornece a estrutura e as diretrizes para a gestão de risco dentro de uma organização. Ela assegura que os procedimentos de gestão de risco estejam alinhados com os objetivos estratégicos da empresa e que exista um equilíbrio adequado entre risco e retorno. Uma governança de risco eficaz envolve a supervisão por parte da alta direção, a definição clara de responsabilidades e a implementação de uma cultura de risco consciente em toda a organização. Existem ferramentas de gestão que, quando implementadas, podem dar uma ideia dos riscos envolvidos e ajudam na tomada de decisão de evitar, aceitar ou transferi-los. As principais ferramentas de gestão de risco são:

• Teste de Estresse (*Stress Testing*) – avalia o impacto de cenários extremos, mas plausíveis, sobre a saúde financeira de um portfólio. Ajuda a entender o potencial de perda em situações adversas.

• VaR – oferece uma medida quantitativa do risco de mercado. Estima a perda mínima esperada de um portfólio, dentro de um determinado nível de confiança, para um período específico. Por exemplo, um VaR de R$1 mil, com 95% de confiança, sugere que há uma chance de 5% de perder no mínimo R$1 mil em um dia. Uma limitação do VaR é que ele não indica qual o valor máximo de perda para um dia. O funcionamento do VaR pode ser observado na Figura 5.2.

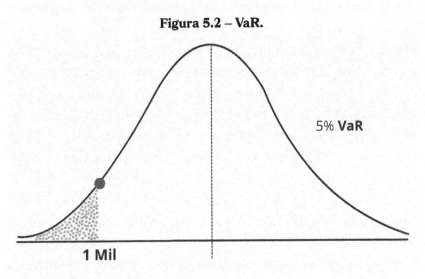

Figura 5.2 – VaR.

Fonte: TheStreet, 2024.

- Valor em risco condicional (CVaR) – fornece uma estimativa da perda média esperada para além do VaR, considerando os cenários mais extremos de perda.
- Simulação Monte Carlo – usa a modelagem computacional para estimar a probabilidade de diferentes resultados em um portfólio, baseando-se na simulação de milhares de cenários de mercado. Permite uma análise detalhada do risco de mercado.

Uma gestão de risco eficiente pode ajudar a evitar grandes perdas financeiras, fornece informações valiosas para decisões de investimento informadas e melhora a confiança dos investidores e das partes interessadas. No entanto, o custo para implementá-las e mantê-las pode ser expressivo. As ferramentas e os modelos de gestão de risco podem ser complexos e difíceis de entender, e podem levar a uma falsa sensação de segurança se os modelos não capturarem todos os riscos ou se basearem em premissas incorretas.

As ferramentas de gestão de risco são fundamentais para identificar, avaliar e determinar a melhor forma de lidar com os riscos nos investimentos e nas operações de negócios. Elas permitem que os gestores tomem decisões informadas sobre se devem evitar, aceitar ou transferir riscos. Cada uma dessas abordagens tem seu lugar na estratégia de gestão de uma organização, dependendo da natureza do risco e dos objetivos da empresa. Evitar riscos envolve tomar ações para prevenir ou eliminar a fonte de risco. Isso pode significar desistir de certas oportunidades de negócios se os riscos associados forem considerados muito altos em relação aos benefícios potenciais.

Por exemplo, uma empresa decide não entrar em um novo mercado porque a análise de risco revelou problemas regulatórios complexos e incertos. Ao evitar essa expansão, ela também evita o risco associado. Aceitar riscos significa reconhecê-lo como parte inerente da operação ou investimento e decidir não tomar ações específicas para mitigá-lo. Essa decisão geralmente é tomada quando o custo de mitigar o risco é maior do que o benefício esperado da mitigação, ou quando é considerado controlável e dentro do apetite de risco da organização. Um investidor decide manter um investimento volátil em seu portfólio, entendendo que a volatilidade é um risco inerente ao potencial de alto retorno do ativo. Ao aceitar o risco, ele acredita que, a longo prazo, os retornos compensarão a volatilidade.

Já transferir riscos envolve realocar o risco para outra parte, geralmente por meio de seguros ou por meio de contratos, como *swaps* ou opções, no contexto de investimentos. A transferência de risco é uma estratégia comum para lidar com aqueles potencialmente devastadores ou que a empresa não está equipada para gerenciar efetivamente.

Uma empresa que exporta mercadorias decide utilizar contratos de *hedge* cambial para se proteger contra a volatilidade das taxas de câmbio. Dessa forma, ela transfere o risco de flutuação cambial para outra parte, garantindo estabilidade nos custos e nas receitas esperadas. Cada uma dessas estratégias de gestão de risco – evitar, aceitar e transferir – é fundamental na criação de um plano de gestão de risco abrangente. A escolha entre essas abordagens depende de uma análise cuidadosa dos riscos específicos, dos objetivos da organização e da disposição da empresa em tolerar ou mitigar riscos.

O uso eficaz das ferramentas de gestão de risco permite que as organizações maximizem suas oportunidades enquanto protegem seus ativos e minimizam as perdas potenciais.

Exemplo 5.2. Gestão do Portfólio, Importância da Diversificação e Gerenciamento de Risco

A ABC Investimentos está gerenciando um portfólio formado por quatro ativos diferentes: Ação A, Ação B, Título C e Título D. A tabela a seguir apresenta o retorno esperado, o desvio-padrão (como medida de risco) e a correlação entre os ativos.

Dados do Portfólio (20X6)

Ativo	Retorno Esperado	Desvio-Padrão	Correlação com Ação A	Correlação com Ação B	Correlação com Título C	Correlação com Título D
Ação A	10	15	1	0,6	-0,2	0,1
Ação B	8	12	0,6	1	0,1	0,3
Título C	6	5	-0,2	0,1	1	0,2
Título D	7	8	0,1	0,3	0,2	1

a) Explique como a diversificação pode reduzir o risco do portfólio utilizando as correlações entre os ativos.

A diversificação pode reduzir o risco do portfólio ao combinar ativos com correlações baixas ou negativas. Por exemplo, Ação A e Título C têm uma correlação negativa (-0.2), o que ajuda a reduzir a volatilidade total do portfólio.

b) Se a empresa deseja minimizar o risco, quais ativos devem ser combinados no portfólio? Justifique.

Para minimizar o risco, a empresa deve combinar a Ação A com Título C e Título D, já que eles têm correlações baixas ou negativas com Ação A. Isso reduz a volatilidade total do portfólio.

c) Para maximizar o retorno, quais ativos devem ser priorizados, e como isso afeta o risco total do portfólio?

Para maximizar o retorno, a empresa deve priorizar Ação A e Ação B, que têm os maiores retornos esperados (10% e 8%, respectivamente). No entanto, isso aumentará o risco total do portfólio devido às correlações positivas entre esses ativos.

5.5. Moderna Teoria da Gestão do Portfólio

A Teoria Moderna de Gestão de Portfólio (*Modern Portfolio Theory* – MPT), desenvolvida por Harry Markowitz, na década de 1950, revolucionou a forma como os investidores abordam a construção e a gestão de portfólios de investimento. Os princípios fundamentais da MPT centram-se na ideia de que a diversificação e a seleção eficiente de ativos podem otimizar a composição de um portfólio para alcançar o máximo retorno para um dado nível de risco.

A seguir, exploramos esses princípios em mais detalhe. A MPT sustenta que a diversificação é fundamental para reduzir o risco do portfólio. A ideia é que, ao combinar ativos não correlacionados ou negativamente correlacionados, é possível reduzir o risco geral do portfólio, pois os movimentos de preço adversos em um ativo podem ser compensados por movimentos favoráveis em outro. Um portfólio é considerado eficiente se oferecer o maior retorno esperado para um dado nível de risco ou o menor risco para um dado nível de retorno esperado.

A fronteira eficiente é uma representação gráfica dos portfólios eficientes, demonstrando a relação entre risco e retorno. A seleção e a proporção de diferentes classes de ativos (como ações, títulos, imóveis etc.) dentro de um portfólio são cruciais para determinar tanto o retorno esperado quanto o nível de risco. A MPT enfatiza a importância de alinhar a alocação de ativos com os objetivos de investimento, horizonte de tempo e tolerância ao risco do investidor.

A aversão ao risco é um conceito central na MPT, refletindo a preferência dos investidores por portfólios que minimizam o risco para um dado nível de retorno esperado. Fisher Black desenvolveu uma extensão da MPT que foca na alocação de ativos considerando a aversão ao risco dos investidores, conhecida como o Modelo de Black. Este modelo oferece uma estrutura para alocar investimentos entre ativos arriscados e um ativo livre de risco (como títulos do tesouro) otimizando o portfólio com base no nível de aversão ao risco do investidor. Suponha que um investidor deseje equilibrar seu portfólio entre ações (ativos arriscados) e títulos do tesouro (ativo livre de risco), o modelo ajuda a determinar a proporção ideal de investimento em cada classe de ativos, considerando a tolerância ao risco do investidor. Investidores mais conservadores podem preferir uma maior proporção de títulos, enquanto os agressivos podem inclinar seu portfólio para ações.

A MPT fornece uma base científica para a construção de portfólios, incentivando uma abordagem sistemática para a diversificação e alocação de ativos. Ela destaca a importância de considerar o portfólio como um todo, ao invés de focar no risco ou no retorno de ativos individuais isoladamente. Além disso, a MPT oferece ótimas percepções sobre como os investidores podem alcançar seus objetivos financeiros, equilibrando de maneira eficaz o risco e o retorno de acordo com sua aversão ao risco.

A Teoria Moderna de Gestão de Portfólio é fundamental para a compreensão moderna da gestão de investimentos, oferecendo estratégias para otimizar portfólios e alcançar um equilíbrio eficiente entre risco e retorno, alinhado com as preferências individuais de risco dos investidores. A gestão de risco é um componente essencial da estratégia financeira e de investimento, crucial para proteger ativos e maximizar retornos. A implementação eficaz da gestão de risco e uma governança de risco sólida ajudam as organizações a navegarem em mercados voláteis e a tomarem decisões de investimento informadas. Apesar dos custos e desafios associados, os benefícios de uma gestão de risco robusta superam significativamente os potenciais contras, tornando-a uma prática indispensável para qualquer entidade que deseje otimizar seu desempenho financeiro enquanto minimiza riscos.

Exemplo 5.3. Moderna Teoria da Gestão do Portfólio

A ABC Investimentos está aplicando a Moderna Teoria da Gestão do Portfólio (MTGP) de Markowitz para otimizar seu portfólio de investimentos. Eles estão considerando três ativos: Ação A, Ação B e Ação C. A tabela a seguir apresenta o retorno esperado, o desvio-padrão (como medida de risco) e a correlação entre os ativos.

Ativo	Retorno Esperado	Desvio-Padrão	Correlação Ação A	Correlação Ação B	Correlação Ação C
Ação A	10	18	1.0	0.5	0.3
Ação B	8	12	0.5	1.0	0.4
Ação C	12	22	0.3	0.4	1.0

a) Explique como a combinação de Ação A e Ação B pode minimizar o risco do portfólio, utilizando a fórmula da fronteira eficiente.

A combinação de Ação A e Ação B pode minimizar o risco do portfólio ao serem ponderadas de forma que suas variâncias e covariâncias reduzam a volatilidade total.

b) Discuta como a adição de Ação C pode impactar a diversificação e o risco total do portfólio, considerando a fronteira eficiente.

A adição de Ação C, que tem uma correlação relativamente baixa com Ação A (0.3) e Ação B (0.4), pode melhorar a diversificação do portfólio e potencialmente mover a fronteira eficiente, reduzindo o risco total do portfólio.

Resumo

Ao longo deste capítulo, exploramos conceitos fundamentais que formam a espinha dorsal da gestão financeira e de investimentos, desde o TVM até a sofisticada MPT. Cada seção foi construída sistematicamente, fornecendo uma base sólida para entender a intrincada relação entre risco, retorno e a importância vital da diversificação. Começamos com o TVM, um princípio essencial que estabelece que o valor do dinheiro muda ao longo do tempo, influenciado por fatores como a taxa de juros. Esse conceito é a pedra angular para avaliar investimentos e tomar decisões financeiras fundamentadas, considerando o futuro e o presente. Em seguida, mergulhamos na relação entre risco e retorno, destacando como os dois estão intrinsecamente ligados no mundo dos investimentos. Compreendemos que, para alcançar maiores retornos, geralmente é necessário aceitar um nível maior de risco. No entanto, a gestão eficaz desse risco é possível e primordial para otimizar os retornos. A discussão sobre a gestão de portfólio e a diversificação ressaltou a importância de não colocar todos os "ovos na mesma cesta". Demonstramos que a diversificação entre várias classes de ativos pode mitigar o risco sem comprometer os retornos, uma estratégia que todos os investidores devem considerar para proteger seus investimentos contra volatilidades de mercado. A seção sobre gestão de risco introduziu ferramentas e estratégias para identificar, avaliar e gerenciar riscos, enfatizando a implementação de medidas preventivas e de mitigação para proteger os portfólios contra perdas potenciais. Discutimos também o papel crucial da governança de risco na criação de um ambiente de investimento seguro e controlado. Por fim, a MPT reuniu todos esses conceitos, apresentando uma abordagem científica para a construção de portfólios eficientes. A MPT não apenas valida a importância da diversificação, mas também oferece uma metodologia para equilibrar risco e retorno de maneira otimizada, levando em consideração a aversão ao risco do investidor. Concluindo, o entendimento dos princípios de TVM, a relação entre risco e retorno, a gestão eficaz de portfólios, a implementação de estratégias de gestão de risco e a aplicação da MPT são indispensáveis para qualquer pessoa envolvida em investimentos. Esses conceitos fornecem as ferramentas necessárias para tomar decisões informadas, minimizar riscos e buscar os melhores retornos possíveis, estabelecendo um caminho sólido para o sucesso financeiro.

Questões e Problemas

1. Explique o conceito de TVM e como ele influencia as decisões de investimento.
2. Descreva a relação entre risco e retorno em investimentos. Por que é importante para os investidores entenderem essa relação?
3. Explique como a diversificação de um portfólio pode ajudar a mitigar riscos sem necessariamente reduzir o retorno esperado. Dê um exemplo de como um portfólio pode ser diversificado.
4. Como a governança de risco pode beneficiar uma organização na gestão de seus investimentos?
5. O que é a fronteira eficiente e como ela pode ser utilizada para otimizar a composição de um portfólio?

6. A XYZ Investimentos está avaliando o desempenho de três ativos diferentes: Ação X, Ação Y e Ação Z. A tabela a seguir apresenta o retorno anual esperado e o desvio-padrão (como medida de risco) para cada ativo.

Dados dos Ativos (20X6)

Ativo	Retorno Esperado (%)	Desvio-Padrão (%)
Ação X	11	17
Ação Y	9	11
Ação Z	13	22

a) Qual ativo apresenta o melhor desempenho em relação ao retorno esperado e risco incorrido?
b) Explique a relação entre risco e retorno usando os dados dos ativos.
c) Para um investidor que prefere altos retornos e está disposto a assumir riscos, qual ativo seria o mais indicado e por quê?

7. A XYZ Investimentos está gerenciando um portfólio composto por quatro ativos diferentes: Ação X, Ação Y, Título W e Título Z. A tabela a seguir apresenta o retorno esperado, o desvio-padrão (como medida de risco) e a correlação entre os ativos.

Ativo	Retorno Esperado (%)	Desvio-Padrão (%)	Correlação com Ação X	Correlação com Ação Y	Correlação com Título W	Correlação com Título Z
Ação X	11	16	1	0,5	-0,3	0,2
Ação Y	9	14	0,5	1	0,2	0,4
Ação W	5	6	-0,3	0,2	1	0,1
Ação Z	6	7	0,2	0,4	0,1	1

a) Explique como a diversificação pode ajudar a reduzir o risco do portfólio utilizando as correlações entre os ativos.
b) Se a empresa deseja minimizar o risco, quais ativos devem ser combinados no portfólio? Justifique.
c) Qual a importância da correlação de ativos na diversificação do portfólio?

8. A XYZ Capital está aplicando a MTGP de Markowitz para otimizar seu portfólio de investimentos. Eles estão considerando três ativos: Ação X, Ação Y e Ação Z. A tabela a seguir apresenta o retorno esperado, o desvio-padrão (como medida de risco) e a correlação entre os ativos.

Ativo	Retorno Esperado	Desvio-Padrão	Correlação Ação X	Correlação Ação Y	Correlação Ação Z
Ação X	11	19	1.0	0.6	0.2
Ação Y	9	14	0.6	1.0	0.5
Ação Z	13	20	0.2	0.5	1.0

a) Explique como a combinação de Ação X e Ação Y pode maximizar o retorno esperado para um dado nível de risco, utilizando a fronteira eficiente.
b) Analise o impacto da inclusão de Ação Z na diversificação do portfólio, considerando a fronteira eficiente.
c) Discuta como a correlação entre os ativos afeta a forma da fronteira eficiente e a diversificação do portfólio.

Questões Comentadas – Exames CFA®

1. Assuming someone wants to retire in 30 years and will need $85,000 per year to cover their expenses during a 40-year retirement. If they can earn a 6% annual return, how

much should they invest each year until retirement to achieve this goal?
A) $18,560 per year.
B) $16,177 per year.
C) $17,750 per year.
Comentário: O valor total necessário para viver 40 anos de aposentadoria com gastos de $85.000 por ano. Usando a calculadora financeira: i = 6%, n = 40, PMT = 85000, resolva para o PV = $1.278.935. Esse é o valor que deve ser acumulado até a aposentadoria. O valor dos depósitos a serem feitos para alcançar essa quantia é calculado usando a função PMT da calculadora financeira: i = 6%, n = 30, FV = 1278935, resolva para o PMT = 16,177. **Resposta: B**.

2. What is the annual Time-Weighted Return (TWR) for a portfolio that has the following annual returns over a 5-year period: 5%, 10%, -2%, 7%, and 8%.
A) 5.3%.
B) 5.8%.
C) 5.5%.
Comentário: A média anual dos retornos ponderados é calculada usando a média geométrica dos retornos dados na questão. Para isso, soma-se 1 em cada retorno em formato decimal, multiplica-se esses 5 valores e eleva-se a potência de 1 dividido pelo número de anos. No final, subtraímos 1 para obtermos o resultado percentual:
$TWR = [(1.05) \times (1.10) \times (0.98) \times (1.07) \times (1.08)]^{1/5} - 1$
$TWR = 1.308^{1/5} - 1 = 0.055 = 5.5\%$
Resposta: C.

3. Which of the following best applies an effective risk management in a financial institution?

Capítulo 5: Risco, Retorno e Diversificação de Carteiras

A) Risk management decisions are made solely by the financial department to ensure profitability.
B) Risk management is the exclusive responsibility of the risk management department, without input from other departments.
C) Risk management responsibilities are integrated across departments, with participation from senior management and the board of directors.
Comentário: A gestão de risco (*risk management*) é uma função integrada em todas as áreas operacionais da instituição financeira, com a supervisão exercida pela alta direção e pelo conselho de diretores. Essa abordagem assegura que a gestão de risco seja considerada em todas as atividades e decisões estratégicas, promovendo uma cultura organizacional que prioriza a identificação, avaliação e mitigação eficaz dos riscos. **Resposta: C.**

4. Which of the following statements accurately distinguishes between systematic and unsystematic risk?
A) Systematic risk is diversifiable, whereas unsystematic, the risk that affects the entire market and cannot be diversified away.
B) Systematic risk affects all securities in the market and cannot be eliminated through diversification, whereas unsystematic risk can be mitigated by diversifying a portfolio.
C) Unsystematic risk is related to interest rate changes, while systematic risk is primarily associated with the specific risk of each company.
Comentário: O risco sistemático afeta todas as ações e os títulos presentes no mercado e não pode ser eliminado por meio da diversificação. Esse tipo de risco está relacionado a fatores que impactam toda a economia, como mudanças

nas taxas de juros, inflação e crises políticas. Já o risco não sistemático é específico a uma empresa ou indústria e pode ser minimizado ou até eliminado ao se diversificar um portfólio. **Resposta: B**.

5. According to Markowitz's Portfolio Theory, what does the Efficient Frontier represent?
A) A collection of portfolios that are expected to provide the highest return for a given level of risk.
B) A collection of portfolios that offer the lowest return for a high level of risk.
C) A collection of portfolios that contain only risk-free assets.
Comentário: A Fronteira Eficiente mostra os melhores portfólios possíveis, que dão o maior retorno para cada nível de risco. Portfólios que estão alinhados na fronteira de Markowitz oferecem o melhor retorno possível pelo risco que cada investidor está disposto a incorrer. **Resposta: A**.

Capítulo 6: Análise Técnica e Finanças Comportamentais

Objetivos de Aprendizado:

1. Discutir as estratégias e aplicações da análise técnica.
2. Apresentar os tipos de investidores e a eficiência do mercado.
3. Conceituar finanças comportamentais e os vieses emocionais.
4. Verificar como minimizar os vieses emocionais e as anomalias de mercado.
5. Analisar de forma integrada os vieses emocionais, a ineficiência de mercado e o papel das *fintechs*.

Neste capítulo, vamos explorar os conceitos de Análise Técnica e Finanças Comportamentais, dois campos importantes para entender as decisões de investimento no mercado financeiro. Abordaremos estratégias fundamentais de análise técnica, focando em padrões gráficos e indicadores técnicos, e como eles podem ajudar a prever movimentos de preços. Também examinaremos diferentes perfis de investidores e o impacto de suas ações na eficiência do mercado, destacando em quais situações a análise técnica pode ser particularmente útil. Em seguida, discutiremos os vieses emocionais e cognitivos destacados pelas Finanças Comportamentais que influenciam as decisões dos investidores. Exploraremos métodos para minimizar esses vieses e discutiremos as anomalias de mercado resultantes. O objetivo é compreender como melhorar a tomada de decisões financeiras, promovendo escolhas mais racionais e informadas. Além disso, consideraremos como esses vieses emocionais podem levar à ineficiência dos mercados, resultando em bolhas e quedas abruptas, e como a tecnologia, especialmente por meio de *fintechs* – como *Robo-Advisors* e o uso de *Machine Learning* –, está ajudando a mitigá-los e a promover mercados mais eficientes.

Este capítulo pretende fornecer uma visão clara e compreensível de como a Análise Técnica e as Finanças Comportamentais se aplicam no mundo real dos investimentos e como as recentes inovações tecnológicas estão transformando a gestão de investimentos e minimizando os riscos de anomalias interferirem na dinâmica do mercado.

6.1. Estratégias e Aplicações da Análise Técnica

A análise técnica é uma metodologia utilizada para prever a direção futura dos preços de ativos financeiros por meio do estudo de dados históricos de mercado, principalmente, preço e volume negociados em períodos anteriores. Investidores que usam análise técnica acreditam que tendências de preços desses ativos se repetem ao longo do tempo devido ao comportamento coletivo do mercado, muitas vezes influenciado por vieses emocionais.

Para formar expectativas e tomada de decisões de investimentos, os analistas técnicos usam gráficos com informação do desempenho passado de uma ação ou índice do mercado de ações, observando as formações desenhadas pela movimentação dos preços, que seriam considerados indicativos de futuras movimentações da ação, ou até mesmo do próprio mercado de ações. Alguns dos padrões mais conhecidos incluem *Triangles* (Triângulos), *Head and Shoulders* (Cabeça e Ombros) e *Flags* (Bandeiras).[11] Cada padrão sugere uma possível continuação ou reversão da tendência atual.

---

[11] Como os termos em inglês referentes a análise técnica são amplamente usados no mercado global, vamos muitas vezes usar o idioma de origem neste texto.

Os Triângulos são padrões de continuação que podem ser classificados em três categorias principais: ascendentes, descendentes e simétricos. Eles são formados quando o preço de um ativo se move dentro de um espaço cada vez mais estreito, criando uma forma de triângulo no gráfico. Triângulos ascendentes caracterizam-se por uma linha de resistência horizontal e uma de suporte ascendente. Eles indicam acumulação e são considerados um sinal de continuação de uma tendência de alta quando o preço rompe a resistência. Já os descendentes apresentam uma linha de suporte horizontal e uma de resistência descendente, sugerindo distribuição. São vistos como um sinal de continuação de uma tendência de baixa quando o preço rompe o suporte. O padrão gráfico chamado de Cabeça e Ombros (*Head and Shoulders*) é um dos mais conhecidos padrões de reversão e pode indicar tanto o fim de uma tendência de alta (Cabeça e Ombros) quanto o fim de uma tendência de baixa (Cabeça e Ombros Invertido) e um rompimento da linha de pescoço (suporte ou resistência) confirma o padrão e sugere uma reversão da tendência anterior.

Figura 6.1 – Cabeça e Ombros.

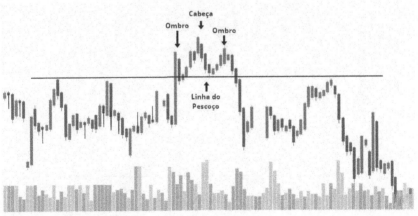

Fonte: TheStreet, 2024.

As Bandeiras (*Flags*) são padrões de continuação que se formam quando há um forte movimento de preço (o mastro da bandeira), seguido por uma fase de consolidação que tende a ser paralela ou ligeiramente inclinada na direção oposta ao movimento inicial. Esse padrão se assemelha a uma bandeira em um mastro. Bandeiras de alta acontecem após um movimento ascendente acentuado, a fase de consolidação forma uma leve inclinação para baixo. Um rompimento acima da parte superior da bandeira indica continuação da tendência de alta. Já as bandeiras de baixa seguem um movimento descendente acentuado, com a fase de consolidação formando uma leve inclinação para cima. Um rompimento abaixo da parte inferior da bandeira indica continuação da tendência de baixa.

Esses padrões são amplamente utilizados por *Traders* para identificar potenciais pontos de entrada e saída, baseando-se na premissa de que a história tende a se repetir nos mercados financeiros.

Figura 6.2 – Padrão gráfico.

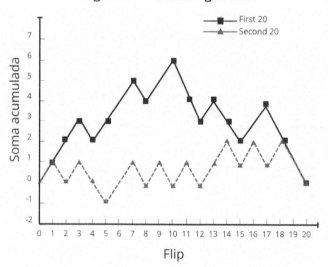

Fonte: Jordan; Miller Jr.; Dolvin, 2024.

Além dos padrões dos gráficos, a análise técnica utiliza os chamados indicadores técnicos no processo de tomada de decisão de investimentos. Eles são baseados em médias e medidas de variações e oscilações do mercado. A seguir mostraremos os principais indicadores técnicos usados em Análise Técnica:

- Médias móveis – indicam a média de preço de um ativo em um determinado período, ajudando a suavizar as flutuações de preço para identificar tendências. Médias móveis simples (SMA) e exponenciais (EMA) são as mais usadas.
- RSI (*Relative Strength Index*) – um indicador que mede a velocidade e a mudança dos movimentos de preços. O RSI varia de 0 a 100, sendo que um valor do **RSI acima de 70** indica excesso de compra, sugerindo que pode haver correção de preço para baixo. No entanto, um **valor RSI abaixo de 30** indica que o ativo pode estar sobrevalorizado, sugerindo que pode haver uma correção de preço para cima.
- MACD (*Moving Average Convergence Divergence*) – o *Moving Average Convergence Divergence*, ou MACD, é um indicador utilizado em análise técnica para identificar tendências de mercado e possíveis pontos de reversão de movimentos de preço em ativos financeiros. O MACD é formado por duas linhas principais: a **linha MACD**, se estiver acima de zero, sugere que a tendência é de alta no preço do ativo; e a **linha de sinal**, que é uma média móvel exponencial da própria linha MACD. Ela é usada para gerar sinais de compra ou venda. Quando a linha MACD cruza a de sinal de baixo para cima, pode ser um indicativo de compra. Quando a linha MACD cruza a linha de sinal de cima para baixo, pode ser um sinal de venda.

Indicador MACD

Figura 6.3 – Linha MACD.

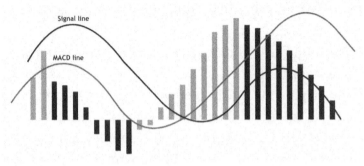

Fonte: Jordan; Miller Jr.; Dolvin, 2024.

Exemplo 6.1. Estratégias e Aplicações da Análise Técnica

A empresa XYZ Trading está utilizando a análise técnica para desenvolver suas estratégias de negociação. Eles estão analisando as ações da empresa ABC empregando médias móveis e o RSI. Os dados no quadro seguinte mostram o preço das ações da empresa ABC durante 10 dias.

Dados das Ações da Empresa ABC

Dia	Preço de Fechamento (R$)
1	100
2	101
3	102
4	101
5	103
6	104
7	105
8	104
9	106
10	107

a) Explique como calcular a média móvel simples (SMA) de 5 dias para os preços das ações.

Para calcular a SMA de 5 dias, some os preços de fechamento dos últimos 5 dias e divida por 5.

Exemplo de cálculo para o dia 6:

(100 + 101 + 102 + 101 + 103) / 5 = R$101.4

b) Calcule o RSI dos últimos 10 dias e interprete os resultados, utilizando os ganhos e as perdas diários.

Para calcular o Índice de RSI dos últimos 10 dias:

Calcule os ganhos e as perdas diários:

Dia 2: (101 − 100) = +1

Dia 3: (102 − 101) = +1

Dia 4: (101 − 102) = -1

Dia 5: (103 − 101) = +2

Dia 6: (104 − 103) = +1

Dia 7: (105 − 104) = +1

Dia 8: (104 − 105) = -1

Dia 9: (106 − 104) = +2

Dia 10: (107 − 106) = +1

Média dos ganhos: (1 + 1 + 2 + 1 + 1 + 2 + 1) / 10 = 0.9

Média das perdas: (1 + 1) / 10 = 0.2

RS = 0.9 / 0.2 = 4.5

RSI = 100 − (100 / (1 + 4.5)) ≈ 82.

O RSI de 82 indica que o ativo está sobrecomprado.

c) Baseado nos cálculos de SMA e RSI, determine se seria recomendável comprar, vender ou manter as ações da empresa ABC. Explique sua resposta.

Considerando os cálculos de SMA e RSI, se a SMA estiver em tendência ascendente e o RSI estiver acima de 70, pode ser recomendável vender as ações devido ao alto risco de correção.

6.2. Tipos de Investidores e Eficiência de Mercado

A análise técnica é amplamente utilizada em diversos mercados, como ações, *forex*, *commodities* e por diferentes tipos de investidores. Investidores ativos usam análise técnica para encontrar oportunidades de compra e venda a curto prazo, enquanto os passivos podem usá-la para determinar melhores momentos para entrar ou sair do mercado a longo prazo. Investidores institucionais aplicam análise técnica para gerenciar grandes portfólios, buscando mitigar riscos.

No Brasil, a análise técnica vem conquistando cada vez mais seguidores. Em um mercado tão volátil e em constante mudança como o nosso, no qual as informações não são disseminadas instantaneamente, é provável que os ativos apresentem padrões de movimento. Isso permite que a análise técnica ofereça retornos mais previsíveis. Sua popularidade tem crescido entre investidores tanto individuais quanto institucionais, visto que o mercado financeiro brasileiro, apesar de seu grande volume de negociações e crescimento, é considerado menos eficiente se comparado a outros, como o dos EUA.

Isso cria um cenário no qual a análise técnica pode ser especialmente rentável para os investidores. Essa menor eficiência é atribuída a uma série de fatores, incluindo a menor liquidez em alguns segmentos do mercado, a reduzida participação de investidores institucionais e um histórico de volatilidade econômica e política que pode retardar a reflexão das informações nos preços dos ativos. Tais características podem gerar ambientes propícios para a aplicação da análise técnica e a identificação de padrões de preços, úteis na previsão de movimentos futuros de preços, já que as ineficiências do mercado podem levar mais tempo para serem ajustadas.

Contudo, é importante que os investidores do mercado brasileiro reconheçam as limitações da análise técnica e a integrem a uma estratégia de análise de investimentos mais abrangente. Por exemplo, incluir a análise fundamentalista na tomada de decisão pode proporcionar um entendimento mais completo do mercado e dos ativos, melhorando as probabilidades de sucesso. É importante destacar que os padrões comportamentais dos investidores criam oportunidades de prever retornos futuros com base em dados históricos.

Assim, a análise gráfica, quando ajustada aos vieses comportamentais, pode otimizar a tomada de decisões por meio da análise técnica. A seguir, exploramos como os vieses comportamentais impactam o mercado e como eles podem permitir que investidores que utilizam análise técnica alcancem retornos mais previsíveis.

A análise técnica tem relação com a Hipótese de Eficiência de Mercado (HEM), que sugere que todos os preços de ativos refletem todas as informações disponíveis e que ninguém pode consistentemente obter lucros superiores ao mercado. Sob essa perspectiva, a análise técnica deveria ser ineficaz. No entanto, na prática, mercados mostram ineficiências, e participantes que exibem vieses emocionais podem agir de modo irracional, criando oportunidades para a análise técnica ser efetiva, especialmente em curto e médio prazos e em mercados menos regulados ou com menor volume de negociações.

Porém, em mercados financeiros eficientes, nos quais todas as informações são imediatamente disseminadas no mercado, a análise técnica tende a ser um método ineficiente para tomada de decisões de investimento. No entanto, ela tende a ser mais efetiva em mercados com alta liquidez e volatilidade, em que padrões de preço são mais pronunciados.

Adicionalmente, períodos de incerteza ou sentimentos extremos do mercado podem aumentar a eficácia dos padrões e indicadores técnicos, uma vez que a psicologia do mercado influencia fortemente as movimentações de preços. Embora a análise técnica possa parecer contraintuitiva sob a ótica da Hipótese de Eficiência de Mercado, sua aplicação prática revela que padrões de comportamento do mercado e a psicologia dos investidores criam oportunidades para predições baseadas em dados históricos.

6.3. Finanças Comportamentais e Vieses Emocionais

A combinação de padrões gráficos e indicadores técnicos, ajustada a vieses comportamentais e ao mercado de atuação do investidor, pode proporcionar ganhos na tomada de decisão usando análise técnica. Os vieses comportamentais podem ser de cunho psicológico ou por falta de informação e conhecimento; porém, ambos afetam as decisões de investimento, impactando diretamente no mercado financeiro. Eles podem levar a avaliações incorretas de risco, a julgamentos distorcidos sobre o valor de ativos e, por consequência, influenciam na análise técnica ao afetar a oferta e demanda de ativos e seus preços.

Vieses comportamentais podem ser categorizados em dois tipos principais: vieses emocionais e erros cognitivos.

Os vieses emocionais estão profundamente enraizados na personalidade do investidor e nas reações emocionais às informações de mercado ou ao desempenho dos investimentos. Tais vieses são considerados mais prejudiciais porque são mais difíceis de corrigir, pois fazem parte da natureza humana e das respostas instintivas aos ganhos e às perdas. Os principais vieses emocionais que afetam o mercado financeiro são:

- Aversão à perda (*Loss Aversion*) – investidores com aversão à perda sentem o impacto de uma perda de forma mais intensa do que um ganho equivalente, o que pode levá-los a tomar decisões excessivamente cautelosas ou a se apegarem a ativos desvalorizados na esperança de recuperar as perdas.
- Excesso de confiança (*Overconfidence*) – investidores superconfiantes tendem a superestimar suas habilidades de previsão e controle sobre os eventos de mercado, levando-os a assumir riscos desnecessários ou a negociar em excesso, confiando demais em suas próprias previsões e intuições.
- *Status Quo* – esse viés faz com que os investidores prefiram manter suas decisões de investimento atuais, resistindo a mudanças, mesmo diante de evidências que sugerem a necessidade de ajustes em suas carteiras.
- Viés de posse (*Endowment*) – investidores muitas vezes atribuem um valor maior aos ativos que possuem, apenas pelo fato de possuí-los, o que pode levar a uma resistência em vender ativos, mesmo quando seria financeiramente prudente fazê-lo.

No entanto, erros cognitivos são distorções no processo de raciocínio que podem ser corrigidos com informação, educação e aconselhamento de um analista financeiro competente. Os erros cognitivos mais comuns no mercado financeiro são:

- Contabilidade mental – esse erro leva os investidores a tratarem dinheiro de diferentes fontes de maneira diferente, o que pode resultar em tomadas de decisão inconsistentes.
- Ancoragem – investidores com esse viés dão peso excessivo a uma informação inicial (a âncora), que pode não ser mais relevante, afetando decisões futuras.
- Representatividade – esse erro ocorre quando os investidores avaliam a probabilidade de um evento baseando-se em

quão similar ele é a eventos que eles já conhecem, muitas vezes ignorando estatísticas reais e relevantes.

• Visão retrospectiva (*Hindsight*) – aqui, após o fato, os investidores acreditam que poderiam ter previsto um evento de mercado, o que pode levar a uma confiança injustificada em sua capacidade de prever eventos futuros.

6.4. Minimizando Vieses Emocionais e as Anomalias de Mercado

Reconhecer a presença desses vieses e erros cognitivos é o primeiro passo para minimizar seus efeitos. Enquanto os vieses emocionais podem exigir um esforço consciente e uma mudança de comportamento a longo prazo, os erros cognitivos podem ser abordados de forma mais imediata por meio de educação financeira e aconselhamento especializado.

Um analista financeiro é fundamental ao identificar e corrigir esses erros cognitivos, guiando o investidor para uma tomada de decisão mais racional e fundamentada. Por exemplo, um investidor, após obter sucesso em algumas negociações de ações, começa a acreditar fortemente em sua capacidade de selecionar ações vencedoras. Ele ignora relatórios e análises de mercado e continua a comprar baseando-se apenas em seu *feeling*. Esse investidor acaba não diversificando seu portfólio, acreditando que as perdas são improváveis devido à sua habilidade em fazer boas escolhas. Seu excesso de confiança é um traço de personalidade difícil de mudar e pode requerer que ele passe por experiências de perdas reais para começar a avaliar suas decisões de maneira mais crítica e menos emocional.

Agora, analise o exemplo de uma investidora que recebeu um bônus de R$ 50.000 e decide investir no mercado de ações. Ela trata esse bônus como "dinheiro extra" e decide arriscar em ações de alto risco, pensando que, se perder, não será tão ruim, pois ele não fazia parte de sua economia regular. A investidora está praticando contabilidade mental ao separar esse dinheiro de seu patrimônio geral e assumindo riscos que normalmente evitaria. Porém, quando um analista financeiro mostra a investidora como esse "extra" pode contribuir significativamente para sua aposentadoria se investido de forma conservadora e consistente com o restante de seus investimentos, ela compreende que toda quantia deve ser considerada parte de um todo.

Nesse caso, a contabilidade mental pode ser utilizada para mitigar com educação e mostrando como uma visão integrada de recursos financeiros pode levar a melhores decisões de investimento. No entanto, o excesso de confiança, como no primeiro exemplo, é mais desafiador, pois muitas vezes requer uma mudança fundamental na atitude e na percepção dele sobre o mercado e suas próprias habilidades de investimento, muitas vezes, sendo uma questão de ego. Apenas informações adicionais nem sempre são suficientes para que esse investidor enxergue o viés emocional e reconheça a necessidade de uma estratégia de investimento com maior prudência.

Quadro 6.1 – Vieses Comportamentais.

Viés	Problema e Solução
Excesso de Confiança	Problema: leva a uma superestimação das próprias habilidades de análise e previsão, resultando em tomadas de decisão arriscadas e potencialmente perdas significativas. Solução: utilizar uma abordagem baseada em dados, evidências e buscar aconselhamento de profissionais para uma perspectiva mais equilibrada.
Aversão à Perda	Problema: tendência de sentir mais fortemente as perdas do que os ganhos equivalentes, o que pode levar a decisões de investimento excessivamente cautelosas ou à retenção de ativos desvalorizados. Solução: estabelecer regras de negociação baseadas em critérios objetivos e revisar regularmente a carteira de investimentos.

Viés	Problema e Solução
Status Quo	Problema: preferência por manter as coisas como estão evitando mudanças mesmo quando elas são necessárias para melhorar os retornos do investimento. Solução: promover a educação financeira e encorajar revisões periódicas da carteira para ajustes conforme os objetivos de investimento e o mercado mudam.
Contabilidade Mental	Problema: separação do dinheiro em diferentes "contas" na mente, o que pode levar a decisões de investimento inconsistentes. Solução: tratar todo o dinheiro de forma igual, considerando o portfólio de investimentos como um todo para tomar decisões mais coerentes.
Representatividade	Problema: basear as decisões de investimento em informações que parecem representar um padrão sem considerar a probabilidade real. Solução: focar em uma análise estatística rigorosa e evitar fazer julgamentos baseados apenas em semelhanças percebidas com eventos passados.
Visão Retrospectiva	Problema: acreditar, após um evento, que ele era previsível, o que pode levar a um excesso de confiança em prever eventos futuros. Solução: reconhecer a imprevisibilidade do mercado e desenvolver estratégias que considerem vários cenários possíveis, diversificando os investimentos para mitigar riscos.

Vieses comportamentais têm implicações profundas no mercado financeiro, afetando tanto o comportamento individual quanto o movimento geral do mercado. Esses podem levar a decisões de investimento irracionais, contribuindo para a volatilidade do mercado, a formação de bolhas especulativas e o descolamento dos preços dos ativos de seus valores fundamentais. Ao estudar esses vieses, podemos identificar problemas e anomalias que desafiam a hipótese de mercado eficiente, a qual pressupõe que os preços dos ativos sempre refletem todas as informações disponíveis. Os principais problemas e anomalias identificados nas finanças comportamentais são:

- Bolhas especulativas e *crashes* – vieses, como o excesso de confiança e o efeito manada, podem levar os investidores a comprarem ativos sobrevalorizados, inflando ainda mais seus preços e formando bolhas especulativas. Quando a bolha estoura, ocorre um *crash* de mercado, causando perdas significativas.
- Anomalias de valor – certos ativos são persistentemente sub ou sobrevalorizados devido a vieses como a aversão à perda e a ancoragem. Isso contradiz a noção de mercado eficiente, que espera que os preços reflitam o valor fundamental dos ativos.
- Efeito janeiro – uma anomalia de calendário na qual os preços das ações tendem a subir mais em janeiro do que em outros meses. Isso é frequentemente atribuído ao comportamento dos investidores de vender ações perdedoras em dezembro para reivindicar perdas de capital em seus impostos e depois recomprar ações em janeiro.

Um exemplo notável de uma anomalia de mercado influenciada por vieses comportamentais é a Bolha das Dot-com no início do século XXI. No final da década de 1990, houve uma expansão massiva no investimento em empresas de *internet* e tecnologia – muitas dessas tinham pouco ou nenhum lucro. Esse período foi marcado por um excesso de confiança tanto dos investidores quanto das empresas, que acreditavam que a nova economia da *internet* mudaria radicalmente os negócios e justificaria avaliações exorbitantes de preços de ações. O efeito manada também foi determinante, com investidores seguindo uns aos outros em investimentos em *startups* de *internet*, temendo perder a próxima grande oportunidade. Ancoragem e contabilidade mental influenciaram as decisões, com investidores se apegando a preços de ações altamente inflacionados e tratando ganhos de papel como se fossem ganhos reais, sem considerar a sustentabilidade dos modelos de negócio das empresas nas quais investiam.

Quando a realidade do potencial de ganhos dessas empresas começou a se concretizar, e muitas delas falharam em entregar resultados financeiros sólidos, a bolha estourou no início dos anos 2000, levando a perdas substanciais para investidores e a uma recessão no setor de tecnologia. Esse evento destacou as implicações significativas que os vieses comportamentais podem ter no mercado financeiro, enfatizando a importância de considerar a psicologia do investidor na análise de mercado.

Quadro 6.2 – Anomalias do mercado financeiro.

Anomalia	Explicação e Impacto
Efeito Janeiro	Tendência de as ações terem desempenhos superiores em janeiro, frequentemente atribuídos à venda de ações para realizar perdas fiscais no final do ano, seguidas por recompras em janeiro. Impacto: pode criar oportunidades de arbitragem sazonais para investidores atentos às tendências de calendário.
Anomalia do Tamanho das Empresas	Ações de empresas de pequeno porte tendem a superar as de grandes empresas no longo prazo. Impacto: indica que investidores dispostos a assumir riscos adicionais de ações de pequena capitalização podem ser recompensados com retornos superiores.
Efeito *Momentum*	Tendência de ações que apresentaram bom desempenho no passado a continuarem superiores no curto a médio prazo. Impacto: investidores podem explorar essa tendência para gerar lucros, mas devem estar cientes do risco de reversão.
Anomalia de Valor	Ações consideradas "baratas" com base em indicadores como preço/lucro (P/L) tendem a superar suas contrapartes "caras" no longo prazo. Impacto: compreender que estratégias de investimento focadas em valor podem ser mais rentáveis, desafiando a eficiência do mercado.
Efeito Dividendo	Ações que pagam dividendos tendem a oferecer retornos totais superiores às que não pagam. Impacto: isso pode levar os investidores a preferirem ações com dividendos, afetando a demanda do mercado e potencialmente elevando os preços dessas ações.

6.5. Análise Integrada

Desde o começo da primeira década deste século, as tecnologias de *Fintech*, especialmente os *Robos Advisors*, investimento automatizado e algoritmos de aprendizado de máquina (*Machine Learning*), tiveram avanços significativos na maneira como os investimentos são gerenciados e podem contribuir para a mitigação de vieses comportamentais e anomalias no mercado financeiro.

Ao integrar a análise técnica com *insights* das finanças comportamentais e utilizar o suporte tecnológico, essas ferramentas têm o potencial de aprimorar a tomada de decisões de investimento e promover mercados mais eficientes. Plataformas de investimento que utilizam algoritmos para gerenciar portfólios de investimentos de forma automatizada são programadas para seguir estratégias de investimento baseadas em teorias financeiras sólidas e dados do mercado, minimizando o impacto dos vieses comportamentais.

Fintech também ajuda na redução do excesso de confiança e do efeito manada. Ao confiar em algoritmos para tomar decisões, os investidores são menos influenciados por suas próprias emoções ou pelas ações de outros investidores, reduzindo o risco de seguir tendências irracionais ou de fazer escolhas excessivamente otimistas. *Robo Advisors* podem ajudar a equilibrar as carteiras de forma objetiva, realizando rebalanceamentos periódicos e vendendo ativos quando necessário, sem a hesitação que um investidor humano poderia ter devido ao apego emocional ou ao medo de realizar perdas.

Algoritmos podem analisar grandes volumes de dados do mercado para identificar tendências e padrões que podem não ser evidentes para os analistas humanos. Essa capacidade pode ser usada para aprimorar a análise técnica e fornecer perspectivas preciosas sobre o comportamento do mercado.

Fintech pode ajudar a detectar anomalias de mercado em tempo real, permitindo intervenções rápidas que podem prevenir ou minimizar bolhas especulativas e *crashes* de mercado, pois algoritmos e *Robos* podem reconhecer padrões de comportamento irracional entre os investidores e ajustar estratégias de investimento para mitigar os efeitos desses vieses, promovendo uma tomada de decisão mais fundamentada e objetiva.

A combinação de tecnologias de *Fintech* com *insights* das finanças comportamentais representa uma evolução promissora na gestão de investimentos. *Robo Advisors* e algoritmos de aprendizado de máquina não são afetados por emoções ou vieses comportamentais, o que os torna ferramentas valiosas para melhorar a objetividade e a eficiência no processo de investimento. Ao reduzir a incidência de decisões de investimento irracionais, essas tecnologias podem ajudar a tornar os mercados financeiros mais estáveis e eficientes, beneficiando investidores individuais e o sistema financeiro como um todo.

Exemplo 6.2. Vieses Emocionais

Os investidores, muitas vezes, enfrentam vieses emocionais que podem afetar suas decisões de investimento. Considere o seguinte cenário e responda às perguntas:

João tem ações de uma empresa de tecnologia que caíram 15% em um mês. Ele está nervoso e pensa em vender suas ações para evitar perdas futuras.

a) Explique o conceito de "avaliação objetiva" e como ela pode ajudar João a tomar uma decisão mais racional.

A "avaliação objetiva" envolve analisar dados e informações de mercado de forma imparcial, considerando fundamentos da empresa, análise técnica e econômica. Isso ajuda João a tomar decisões baseadas em fatos, e não em emoções.

b) Sugira uma estratégia que João pode usar para evitar tomar decisões impulsivas baseadas em emoções.

João pode adotar uma estratégia de "revisão periódica", na qual ele reavalia seus investimentos em intervalos regulares (por exemplo, trimestralmente), e não em resposta imediata às flutuações do mercado.

Resumo

Neste capítulo, explicamos o conceito de análise técnica e discutimos a interação entre vieses comportamentais, anomalias de mercado e a eficiência do mercado financeiro, destacando como as emoções e os erros cognitivos dos investidores podem levar a decisões de investimento irracionais, afetando a dinâmica do mercado financeiro. Mostramos como a análise técnica é desempenhada, além dos principais padrões de gráficos e métricas usadas. Analisamos também os vieses emocionais, como a aversão à perda, o excesso de confiança, o *status quo* e o viés de posse, bem como erros cognitivos, incluindo contabilidade mental, ancoramento, representatividade e visão retrospectiva. Destacamos como esses vieses podem levar a anomalias de mercado, como bolhas especulativas e *crashes*, desafiando a hipótese de mercados eficientes. Além disso, exploramos como as tecnologias de *Fintech*, especialmente os *Robos Advisors*, o investimento automatizado e o aprendizado de máquina oferecem ferramentas poderosas para mitigar os efeitos desses vieses e anomalias. Demonstramos que, ao aplicar uma gestão baseada em algoritmos e utilizar análises de dados avançadas, é possível melhorar a tomada de decisões de investimento, promovendo uma maior eficiência de mercado. Concluímos que a integração da tecnologia no campo das finanças oferece um caminho promissor para abordar os desafios impostos pelos vieses comportamentais e as anomalias de mercado.

Por meio de uma melhor compreensão e da aplicação de ferramentas tecnológicas modernas, somos capazes de avançar em direção a mercados mais estáveis e eficientes, nos quais as decisões de investimento são mais informadas e menos suscetíveis a distorções psicológicas. Reconhecemos que, enquanto os vieses comportamentais fazem parte da natureza humana, a tecnologia e a educação financeira desempenham papéis cruciais em mitigar seus impactos negativos, contribuindo para o aprimoramento da eficiência do mercado e para o sucesso dos investidores em alcançar seus objetivos financeiros.

Questões e Problemas

1. Quando a análise técnica seria uma boa estratégia? Em quais circunstâncias? Mencione dois padrões e duas métricas usadas em análise técnica.
2. De que maneira a análise técnica pode ser afetada pelo efeito manada entre os investidores? Discuta como a propensão dos investidores de seguir as decisões de investimentos da maioria pode impactar a eficácia da análise técnica e a volatilidade do mercado.
3. Explique o papel das *Fintechs*, incluindo *Robo Advisors* e sistemas de investimento automatizado, na mitigação dos vieses comportamentais dos investidores. Como essas tecnologias podem contribuir para a eficiência do mercado financeiro?
4. Discuta a diferença entre vieses emocionais e erros cognitivos no contexto do investimento financeiro. Forneça exemplos

de cada viés e explique por que os erros cognitivos são geralmente mais fáceis de corrigir do que os vieses emocionais.

5. Analise a relação entre anomalias de mercado e a hipótese de mercado eficiente. Cite três exemplos de anomalias de mercado causadas por vieses comportamentais e discuta como elas desafiam a noção de que os mercados financeiros são sempre eficientes e os preços dos ativos refletem todas as informações disponíveis.

6. A empresa ABC Trading está utilizando a análise técnica para desenvolver suas estratégias de negociação. Eles estão analisando as ações da empresa XYZ utilizando médias móveis e o RSI. Os dados no quadro mostram o preço das ações da empresa XYZ durante 10 dias.

Dados das Ações da Empresa XYZ

Dia	Preço de Fechamento (R$)
1	50
2	52
3	53
4	52
5	54
6	55
7	54
8	56
9	57
10	58

a) Explique como calcular a SMA de cinco dias para os preços das ações.

b) Calcule o RSI dos últimos 10 dias e interprete os resultados, utilizando os ganhos e as perdas diários.

c) Baseado nos cálculos de SMA e RSI, determine se seria recomendável comprar, vender ou manter as ações da empresa XYZ. Explique sua resposta.

7. Os investidores muitas vezes enfrentam vieses emocionais que podem afetar suas decisões de investimento. Considere o seguinte cenário e responda às perguntas:

A Investidora Ana está ansiosa, pois suas ações perderam 20% de seu valor em um mês. Ela está considerando vender suas ações rapidamente para evitar mais perdas.

a) Como Ana pode minimizar o impacto dos vieses emocionais em sua decisão de investimento?

b) Explique o conceito de "diversificação de portfólio" e como ela pode ajudar Ana a tomar uma decisão mais racional.

c) Sugira uma estratégia que Ana pode usar para evitar tomar decisões impulsivas baseadas em emoções.

Questões Comentadas – Exames CFA®

1. What is the primary purpose of technical analysis in financial markets?

A) To predict the long-term financial health of a company.

B) To identify short-term trading opportunities based on market trends and patterns.

C) To assess the fundamental value of a company.

Comentário: O propósito principal da análise técnica é identificar oportunidades de negociação no curto prazo. Isso é feito observando-se as tendências e os padrões nos preços dos ativos, sem considerar os fundamentos econômicos da empresa ou entidade por trás desses ativos. A análise técnica se baseia na ideia de que os preços no mercado seguem tendências que podem ser detectadas por meio de gráficos

e outros indicadores técnicos, permitindo aos investidores e *traders* fazerem previsões sobre movimentos futuros dos preços para aproveitar essas oportunidades de negociação.
Resposta: B.

2. Under which market efficiency hypothesis is technical analysis considered to be most effective to generate additional returns?
A) Strong-form efficient.
B) Semi-strong form inefficient.
C) Weak-form inefficient.
Comentário: Em um mercado fraco (*weak-form*), assume-se que somente informações de preços passados estão nos preços atuais. Se esse mercado for ineficiente (nem todas as informações passadas são imediatamente conhecidas), deixa espaço para a análise técnica ser útil, pois ela busca padrões e tendências nos dados históricos para prever movimentos futuros de preços. **Resposta: C**.

3. Which of the following patterns is commonly used in technical analysis to predict the fall of the price of a stock?
A) Head and Shoulders.
B) Double Bottom.
C) Inverse Head and Shoulders.
Comentário: "Head and Shoulders" (Cabeça e Ombros) é utilizado na análise técnica para indicar uma possível reversão da tendência de alta para uma tendência de baixa no preço de uma ação. Esse padrão é formado por três picos, com o pico central (cabeça) sendo o mais alto, e os outros dois (ombros) em níveis mais baixos, sugerindo que uma queda de preço está próxima. A formação *Double Bottom* e *Inverse Head and Shoulders* (Cabeça e Ombros Invertidos)

é sinal *bulish*, indicando que a ação vai aumentar de valor.
Resposta: A.

4. Which of the following investor behavioral biases can be eliminated?
A) Overconfidence.
B) Mental Accounting.
C) Status Quo.
Comentário: "Mental Accounting" (Contabilidade Mental) é um viés comportamental em que o investidor trata dinheiro de forma diferente, dependendo de sua origem ou do propósito a que se destina. Ao aprender a considerar todo o dinheiro de forma igual e entender as finanças de uma maneira mais holística, os investidores podem superar esse viés e tomar decisões financeiras mais racionais e eficazes. *Overconfidence* (Excesso de Confiança) e *Status Quo* (aversão a mudanças) são vieses emocionais e muito difíceis de serem eliminados, pois fazem parte do comportamento intrínseco de cada investidor. **Resposta: B**.

5. What type of financial market anomaly contradicts the Efficient Market Hypothesis by suggesting that stocks have historically provided higher returns during certain times of the year?
A) Dividend Anomaly.
B) Interest Rate Anomaly.
C) January Effect.
Comentário: "The January Effect" (Efeito de Janeiro) é um fenômeno do mercado financeiro que indica que as ações tendem a apresentar retornos mais altos em janeiro, em comparação com outros meses do ano. Isso contradiz a Hipótese do Mercado Eficiente, que pressupõe que os preços

dos ativos refletem todas as informações disponíveis em todos os momentos. O Efeito de Janeiro sugere que investidores podem obter retornos anormalmente altos nesse mês, devido a fatores como a venda de ações para obter benefícios fiscais no final do ano anterior e o subsequente reinvestimento. **Resposta: C**.

Capítulo 7: Mercados e Instrumentos de Renda Fixa

Objetivos de Aprendizado:

1. Compreender o funcionamento dos mercados e dos instrumentos de renda fixa.
2. Entender a relação risco e retorno de investimentos de renda fixa.
3. Apresentar o mecanismo da curva de juros e *spreads*.
4. Discutir o mercado doméstico e global de renda fixa.
5. Contextualizar os investimentos em renda fixa na gestão de portfólio.

O volume de mercado de títulos global gira em torno de USD 135 trilhões, segundo dados do Fórum Econômico Mundial (World Economic Forum – WEF), além de ser o mercado de investimento de maior volume e com maior variedade de instrumentos, pois inclui não apenas títulos de dívida negociáveis de empresas, mas também títulos de governo, de agências e até de pessoas.[12] Por isso, apresenta oportunidades e desafios diferentes do que o mercado de ações, por exemplo.

Este capítulo oferecerá uma perspectiva abrangente sobre títulos de dívida, porém, voltada para aqueles que desejam com-

---

[12] Em 1997, o cantor e compositor David Bowie emitiu títulos de dívida no valor de USD 55 milhões. A aceitação desses títulos pelo mercado foi imediata, uma vez que os pagamentos de juros estavam colateralizados pelos *royalties* das músicas de propriedade do cantor. Esses tipos de título são conhecidos no mercado como *celebrity bonds*.

preender os tipos de investimentos e oportunidades de retorno nesta classe de investimento. Começaremos com a apresentação dos mercados de títulos, os produtos e os índices que compõem esse mercado. A compreensão dos riscos e dos retornos associados aos títulos de dívida será abordada no contexto de investimentos. Nesse contexto, exploraremos conceitos como risco de taxas de juros, risco de reinvestimento e risco de crédito. A dinâmica da curva de juros e *spreads* que influenciam os preços dos títulos e orientam estratégias de investimento também será abordada. Mais ao fim do capítulo, comparamos o mercado de títulos de dívida brasileiro com o cenário internacional, destacaremos os produtos e o perfil do investidor em títulos de cada área. Finalmente, situaremos os investimentos em títulos de dívida em um contexto mais amplo de gestão de portfólio. Demonstraremos a importância desses ativos na construção de portfólios diversificados e eficientes, destacando estratégias específicas para minimizar riscos.

Notando que alguns títulos não pagam cupons ou pagam cupons fixos, porém existem outros que pagam cupons variáveis, como os TIPS (*Treasury Inflation-Protected Securities*) e FRNs (*Floating Rate Notes*). Os TIPS oferecem proteção contra a inflação, pois seu principal é ajustado de acordo com as mudanças no índice de preços ao consumidor. Já os FRNs têm taxas de juros que se ajustam periodicamente, baseando-se em *benchmarks* de referência, como a taxa Selic ou a LIBOR, o que significa que o pagamento de cupons varia em resposta às flutuações das taxas de juros do mercado.

No mercado financeiro brasileiro, investimento e negociações de títulos de dívida estão pulverizados entre várias instituições. A Bolsa de Valores de São Paulo (B3) abrange o maior mercado, onde títulos públicos e privados são negociados. Os participantes incluem bancos, fundos de investimento, instituições financeiras e investidores individuais. Entre os produtos mais negociados, destacam-se títulos do Tesouro Nacional, debêntures corporativas e CDBs. No Brasil, índices como o IMA (Índice de Mercado Anbima) e o Ibovespa são referências importantes para avaliar o desempenho dos títulos de dívida. O IMA, em particular, foca em papéis de renda fixa, fornecendo *insights* cruciais para investidores e gestores de portfólio. Uma opção interessante para investidores individuais é a plataforma do Tesouro Direto, na qual os interessados podem adquirir diretamente títulos do governo brasileiro. Diferente dos mercados internacionais, no Brasil a maior parte dos títulos de dívida são emitidos pelo governo.

Internacionalmente, os mercados de títulos abrangem uma variedade de centros financeiros globais. Títulos de renda fixa nos Estados Unidos e em Londres geralmente são negociados no mercado de balcão (*Over-the-Counter*, OTC), o que significa que as negociações ocorrem diretamente entre as partes sem a necessidade de uma bolsa centralizada. No entanto, também existem títulos de renda fixa listados e negociados em bolsas específicas, como na *NYSE Bond Market* (Parte da Bolsa de Valores de Nova York) e na *NASDAQ Bond Market*, e, também, em redes de Comunicação Eletrônica, como o MarketAxess e o FIT da Bloomberg.

Na Europa títulos também são negociados nas principais bolsas, tais como London and Frankfurt. Os produtos mais negociados incluem os soberanos e do tesouro, obrigações corporativas e municipais, além de uma categoria peculiar que abrange os títulos lastreados em ativos, como os tão discutidos ABS (*Asset-Backed Securities*). Esses instrumentos representam uma parte mais complexa e menos negociada do mercado, incorporando ativos como hipotecas, empréstimos estudantis e créditos agrícolas que são instrumentos mais complexos, como

Mortgage-Backed Securities (MBS) e *Collateralized Debt Obligations* (CDOs).[13] Índices globais, como o *Bloomberg Barclays Global Aggregate Bond Index*, fornecem uma visão abrangente do desempenho dos títulos em todo o mundo. Esse índice inclui títulos de diferentes regiões e setores, permitindo aos investidores fazerem uma avaliação geral do mercado global.

7.1. Risco e Retorno em Investimentos de Renda Fixa

Os mercados de títulos oferecem uma oportunidade de diversificação para investidores institucionais e individuais. Títulos de dívida são frequentemente considerados ativos de baixo risco em comparação com ações, proporcionando estabilidade e fluxos de caixa previsíveis. Além disso, a relativa baixa correlação com o mercado financeiro os torna instrumentos preferidos em períodos de volatilidade do mercado. Investidores buscam títulos não apenas para preservar capital, mas também para obter rendimentos regulares por meio de cupons e juros.

Investir em títulos de dívida é uma estratégia adotada por investidores que buscam uma combinação de retornos mais previsíveis e preservação de capital. Contudo, essa classe de ativos não está isenta de riscos para o investidor. A seguir, exploraremos os riscos e os retornos associados aos investimentos em títulos de dívida, destacando conceitos importantes como *Duration*, risco de reinvestimento e risco de crédito. Além disso, examinaremos os objetivos dos investidores nesse contexto, considerando a busca pela minimização de riscos sem afetar a rentabilidade.

Vários riscos específicos do mercado de renda fixa devem ser considerados pelos investidores. A *Duration* é um indicador crucial na avaliação do risco de taxa de juros em títulos de dívida. Quanto

---

[13] Os ABS, notórios pela sua complexidade, foram protagonistas da crise financeira mundial de 2008.

maior a *Duration*[14] mais sensível o título é às mudanças nas taxas de juros. Outro risco importante a ser considerado é o risco de reinvestimento, que surge quando os pagamentos de juros ou o retorno do principal precisam ser reinvestidos em condições de mercado diferentes das originais. O risco de crédito refere-se à possibilidade de o emissor do título não cumprir suas obrigações de pagamento.

Investir em renda fixa exige uma compreensão profunda e uma gestão estratégica dos riscos específicos associados a esse tipo de investimento. O risco de taxa de juros surge da sensibilidade dos preços dos títulos às flutuações nas taxas, sendo importante para os investidores atentarem às mudanças no cenário econômico. Um aumento na taxa de juros desvaloriza um título de renda fixa; portanto, estratégias de minimização desse risco devem ser aplicadas, como, por exemplo, uma diversificação da carteira e a escolha de títulos alinhados aos objetivos e o uso de derivativos.

Títulos que pagam menos juros, conhecidos como títulos de baixo cupom, são mais sensíveis a aumentos nas taxas de juros em comparação com títulos de alto cupom, porque, dado um aumento nas taxas de juros, a diferença percentual entre a taxa de mercado e a taxa de cupom do título de baixo cupom resulta em uma maior perda em seu valor. Em contraste, títulos de alto cupom oferecem uma maior porcentagem dos juros na forma de cupons regulares, ajudando a compensar parcialmente as perdas no valor do título resultante da alta de juros.

A maturidade (vencimento) do título também afeta o risco do investidor, pois títulos de maturidade longa apresentam mais risco às mudanças nas taxas de juros do que títulos de maturidade curta. Isso ocorre porque os títulos de longo prazo têm um período mais extenso para os pagamentos dos cupons e do valor do principal. Em um período mais longo, mudanças nas taxas de

---

[14] *Duration* é uma medida de risco linear. Para ajustar a não linearidade da variação dos preços em decorrência de variação nas taxas de juros, usamos um ajuste para a convexidade.

juros têm um impacto mais significativo no valor presente dos fluxos de caixa futuros, resultando em maior volatilidade nos preços dos títulos de longo prazo.

Já os títulos de curto prazo tendem a ser menos afetados, pois o período até o vencimento é mais curto, e os pagamentos futuros são recebidos mais rapidamente, reduzindo a sensibilidade aos movimentos nas taxas de juros. Está associado também à mudança nas taxas de juros o risco de reinvestimento, que ocorre quando os fluxos de caixa precisam ser reinvestidos. Antecipar variações nas taxas de reinvestimento ao longo do tempo e escolher títulos com características que minimizem esse risco são estratégias eficazes para os investidores de renda fixa. Por fim, o risco de crédito está associado à possibilidade de o emissor do título não cumprir suas obrigações. Uma análise criteriosa da qualidade de crédito dos emissores, o uso de classificações de agências como as agências Moody's e S&P, além da diversificação em diferentes setores são medidas essenciais para mitigar esse risco.

Exemplo 7.1. Risco e Retorno de Títulos de Renda Fixa

Considere os seguintes títulos com diferentes características:

Título	Maturity	Cupom(%)	Emissor	Taxa de Juros (YTM)
A	5 anos	4	Governo	5
B	10 anos	2	Empresa	6
C	30 anos	6	Empresa	7

a) Qual desses títulos tem mais risco de preço se as taxas de juros aumentarem?

Se as taxas de juros aumentarem, os títulos com maturidades mais longas geralmente experimentam maiores quedas nos preços do que os títulos com maturidades mais curtas. Portanto, o título C, com maturidade de 30 anos, é o mais suscetível a perdas de preço do que o Título A e o Título B.

b) Qual desses títulos tem mais risco de reinvestimento?

Títulos com cupons mais baixos têm mais risco de reinvestimento, pois os pagamentos de cupom recebidos são menores e podem ser reinvestidos em taxas de juros mais baixas no futuro. Portanto, o título B com um cupom de 2% tem mais risco de reinvestimento do que o Título A e o Título C.

c) Qual título tem mais risco de crédito?

Títulos emitidos por corporações geralmente têm mais risco de crédito do que os títulos do governo. Portanto, o título B e o título C, emitidos por corporações, têm mais risco de crédito em comparação com o título A, emitido pelo governo. Como o título C tem maturidade mais longa do que o título B, ele tem mais risco de crédito do que o título B.

7.2. Estratégias de Renda Fixa

No que diz respeito ao perfil do investidor, aqueles mais conservadores, em busca de estabilidade, são mais suscetíveis aos riscos de taxa de juros e de crédito. Títulos de dívida de países estáveis são considerados mais seguros nesse contexto. No entanto, os mais agressivos podem explorar títulos corporativos, *high yield*[15] e instrumentos estruturados, como ABS. Porém, a compreensão e o gerenciamento eficaz dos riscos de taxa de juros, reinvestimento e crédito são essenciais para o sucesso dos investidores em renda fixa. Adotar estratégias adaptáveis e manter-se atento às condições do mercado são práticas que devem ser usadas para enfrentar os riscos associados a essa classe de ativos.

---

[15] Títulos *High Yield* são geralmente associados a emissores que exibem risco de *default*, e, portanto, pagam mais juros para compensar os investidores. Eles são conhecidos como títulos *junk*.

Cada investidor possui objetivos específicos ao incluir títulos de dívida em sua carteira. Títulos soberanos de governos estáveis, tais como os *Treasuries* Americanos, são frequentemente buscados por investidores que priorizam a segurança, enquanto os corporativos e de alto rendimento podem atrair aqueles que buscam retornos mais substanciais, mesmo em meio a um maior risco. Portanto, as estratégias para personalizar a alocação de títulos de dívida devem ser de acordo com os objetivos individuais de cada investidor.

A compreensão de todos os riscos associados às mudanças nas taxas de juros é essencial para os investidores de renda fixa, principalmente os riscos relacionados às taxas de juros e de crédito. Abordaremos abaixo as curvas e os *spreads* mais importantes na análise desses dois riscos.

7.3. Curva de Juros e *Spreads*

No mercado de renda fixa existem três curvas cujo conhecimento é essencial para o gerenciamento de um portfólio ou investimento em títulos. São elas: *Spot curve, Par curve* e *Forwad curve*. Podemos notar que as curvas de juros podem ter os seguintes formatos:
- Normal: quando as taxas de juros de curto prazo são inferiores às de longo prazo. Esse cenário geralmente sugere otimismo em relação ao crescimento econômico sustentável.
- Invertida: quando as taxas de juros de curto prazo superam as de longo prazo. Esse fenômeno pode sinalizar expectativas de desaceleração econômica ou recessão.
- Plana: a curva de juros plana indica que não há uma distinção significativa entre as taxas de curto e longo prazos. Isso pode refletir incertezas no mercado, com investidores adotando uma postura cautelosa.

A seguir, explicaremos cada uma das curvas de maior importância nesse mercado, as curvas *spot, par* e *forward*.

• Curva de juros *spot* (à vista) – representa as taxas de juros observadas no mercado financeiro para diferentes prazos no momento presente, sem incluir prêmios futuros. Ela reflete as condições imediatas do mercado, indicando o custo atual de empréstimos ou o retorno de investimentos para diferentes períodos.

• Curva de juros a *par*: construída com base em títulos que estão sendo negociados a seu valor nominal, sem desconto ou prêmio. Representa as taxas de juros que igualam o valor de mercado de um título ao seu valor de face, indicando o rendimento efetivo para investidores.

• Curva de juros *forward*: é uma extensão da curva a *par*, refletindo as taxas de juros esperadas para contratos de comprometimento futuro. É usada para calcular as taxas de juros que serão aplicadas em transações financeiras de renda fixa programadas para o futuro.

Figura 7.1 – Curvas de taxas de juros: *spot*, *par* e *forward*.

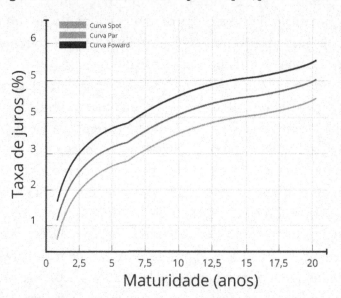

Fonte: Elaborada pelos autores.

Essas curvas são ferramentas fundamentais para compreender as condições do mercado de taxa de juros, oferecendo informações cruciais sobre o ambiente financeiro tanto no momento presente quanto nas projeções futuras.

Além da forma das curvas de taxa de juros, outro elemento muito usado na avaliação de risco são os *spreads*, que representam as diferenças nos rendimentos de títulos de diferentes categorias de risco. *Spreads* são usados no cálculo do prêmio de risco exigido pelos investidores, pois refletem o risco de crédito no mercado de renda fixa. Três *spreads* importantes incluem:

- *Spread* de crédito (G *Spread*): esse *spread* mede a diferença entre os rendimentos de títulos corporativos e títulos com risco de crédito baixo, como os títulos do governo. Um aumento no *spread* de crédito pode indicar preocupações quanto à capacidade de as empresas honrarem seus compromissos financeiros.
- *Spread Swap* (I *Spread*): é a diferença entre a taxa fixa de um *swap* de taxa de juros e o rendimento de um título governamental comparável. Um alto I-*spread* significa que o título possui um alto risco de crédito.
- Z *Spread*: é uma medida de risco adicional em relação às diferenças do preço de mercado de um título de renda fixa e seu valor intrínseco. O Z *spread* é a diferença entre o rendimento de mercado do título e o seu rendimento intrínseco.

Os movimentos na curva de juros e nos *spreads* têm implicações diretas nos preços dos títulos. Quando a curva em formato normalmente se inclina mais acentuadamente, os títulos de longo prazo podem sofrer desvalorização devido a maiores taxas de juros. Um aumento nos *spreads* também pode resultar em quedas nos preços dos títulos de maior risco. Investidores devem monitorar as curvas de juros e os *spreads* para ajustar suas estratégias de investimento.

Capítulo 7: Mercados e Instrumentos de Renda Fixa

Figura 7.2 – *Spread* de crédito.

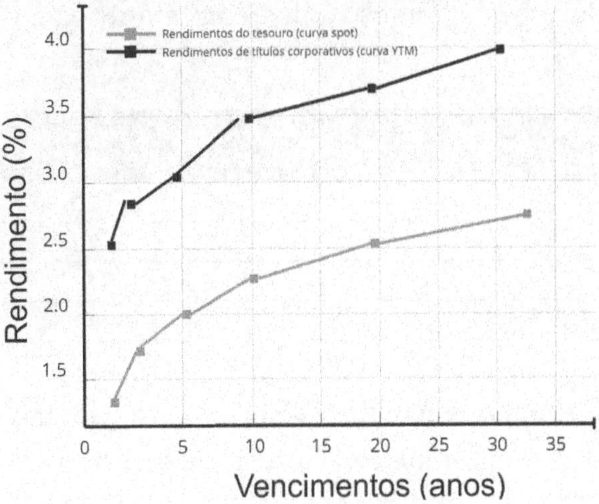

Fonte: Elaborada pelos autores.

O gráfico ilustrativo destaca como o *spread* entre títulos corporativos e do governo varia ao longo do tempo. Os rendimentos de títulos corporativos são maiores do que os do Tesouro em todos os vencimentos, refletindo o prêmio de risco adicional associado aos títulos corporativos em virtude principalmente do risco de crédito.

Quadro 7.1 – Comparação entre G *Spread*, I *Spread* e Z *Spread*.

Spread	Fórmula	O que o *Spread* Mede
G *Spread*	*Yield*[16] do Título – *Yield* do Título do Governo	Risco de Crédito (*Spread* de Risco)
I *Spread*	*Yield* do Título – *Yield* da Curva *Swap*	Expectativas de Mudanças nas Taxas de Juros Futuras
Z *Spread*	*Yield* do Título – *Yield* Intrínseco	Valor de mercado acima ou abaixo do valor intrínseco do título

---

[16] *Yield* = Taxa de juros média paga por um título em um determinado momento.

Exemplo 7.2. G *Spread*, I *Spread* e Z *Spread*

Considere os seguintes títulos com maturidades e cupons similares:

Título	Maturity (Anos)	Cupom(%)	Yield (%)	Treasury Yield (%)	Swap Yield (%)	Z Spread (%)
1	5	4	4.5	1.5	2.2	1.2
2	5	4	4.2	1.5	2.2	-0.9
3	5	4	4.7	1.5	2.2	1.5
4	5	4	4.3	1.5	2.2	0

a) Qual título tem o maior G-Spread, e o que isso significa?

O título 3 tem o maior G-*Spread* de (4.7% -1.5%) = 3.2%. Isso significa que, em comparação com os títulos do governo, os investidores exigem um prêmio adicional de 3.2% para investir no título 3, em vez de um título do governo com a mesma maturidade.

b) Por que o Swap Yield é geralmente maior do que o Treasury Yield?

Porque os títulos do Tesouro (*Treasuries*) são considerados livres de risco de crédito, enquanto os *swaps* envolvem risco de crédito, já que são contratos entre partes privadas. Esse risco adicional no *swap* requer uma compensação maior para os investidores, resultando em um rendimento (*yield*) mais alto.

c) Qual título está desvalorizado (undervalued), de acordo com Z Spread?

O título 2 parece estar *undervalued*, de acordo com o Z *Spread* de -0.9%. O *spread* negativo sugere que, em comparação com outros títulos com características semelhantes, o título 2 está sendo negociado abaixo do seu valor intrínseco, indicando que pode estar desvalorizado em relação ao mercado. Um Z *Spread* positivo indica que o título está negociado acima do seu valor intrínseco.

7.4. Mercado Brasileiro e Global de Renda Fixa

O mercado de títulos de dívida é essencial no financiamento de diversas entidades ao redor do mundo. Ao analisar o mercado brasileiro em comparação com o cenário internacional, o investidor brasileiro pode moldar melhor suas estratégias de investimento. No Brasil, o volume do mercado de renda fixa gira em torno de R$2,4 trilhões, e é rigidamente regulamentado pela CVM e pelo BCB, visando proteção ao investidor e transparência.

Internacionalmente, a regulação varia de modo considerável entre os países, oferecendo desde ambientes mais flexíveis até abordagens mais rígidas. A diversidade de instrumentos no Brasil inclui debêntures, CDBs, certificados de depósitos, letras financeiras, entre outros. No mercado internacional, essa diversidade é ainda mais ampla, abrangendo desde títulos soberanos até instrumentos complexos, como CDOs. Essa variedade proporciona aos investidores um conjunto mais amplo de escolhas e estratégias.

Um fator distintivo para investidores brasileiros que adicionam produtos financeiros internacionais é o risco cambial. Nos mercados internacionais, a diversidade de títulos em diferentes moedas exige uma cuidadosa consideração do risco cambial ao construir portfólios globais de títulos. O risco soberano é mais pronunciado em mercados emergentes, como o Brasil, onde a classificação de crédito do país impacta diretamente os rendimentos dos títulos. Nos mercados desenvolvidos, o risco soberano geralmente é menor, mas fatores como políticas fiscais e eventos globais também desempenham papéis significativos. A liquidez no mercado brasileiro de títulos é menor pela sua escala em comparação com os internacionais.

Investidores em títulos brasileiros podem enfrentar desafios relacionados à liquidez e ao volume de negociação, enquanto os mercados internacionais oferecem maior fluidez. Também as políticas monetárias e o ciclo de taxas de juros têm impacto direto nos títulos de dívida, sendo a taxa Selic um elemento central no Brasil. Nos mercados internacionais, as decisões de bancos centrais, como o Federal Reserve dos EUA, exercem influência sobre taxas de juros globais. Nos Estados Unidos, os investidores têm à disposição uma diversidade de instrumentos de renda fixa que se destacam por sua popularidade e, notavelmente, não têm equivalentes no cenário brasileiro.

Os *Treasuries*, por exemplo, representam uma opção única, pois títulos do Tesouro norte-americano são considerados livres de risco, já que são garantidos pelo governo dos EUA. Esses instrumentos não apenas oferecem uma opção estável, mas também são conhecidos por sua liquidez, funcionando como uma alternativa em momentos de volatilidade. Além disso, investidores têm acesso a uma lista de instrumentos mais especializados, tais como o *Comercial Paper* e o *Repo Agreement*, emitidos por instituições financeiras para captação de recursos a curto prazo. Esses títulos oferecem rendimentos competitivos e são uma escolha atrativa para quem busca segurança e flexibilidade a curto prazo.

A diversidade desses instrumentos se estende ainda a ativos como o mercado de ABS, Eurobonds, Foreign Bonds, Covered Bonds e Catastrophe Bonds. Esses instrumentos proporcionam mais opções aos investidores, destacando-se pela maior liquidez, pela flexibilidade e pela variedade.

Em conclusão, enquanto o mercado de títulos de dívida no Brasil e no cenário internacional compartilha características fundamentais, existem distinções significativas. A compreensão dessas nuances é crucial para investidores que buscam otimizar suas estratégias em meio a um panorama financeiro cada vez mais interconectado. O Brasil oferece oportunidades únicas, mas a diversificação global permanece essencial para uma abordagem de investimento robusta e equilibrada.

Quadro 7.2 – Títulos de renda fixa que não existem no Brasil.

Título	Descrição
Treasuries	Títulos do Tesouro norte-americano considerados livres de risco, emitidos pelo governo dos EUA, proporcionando estabilidade e liquidez aos investidores.
Commercial Paper	Instrumentos de curto prazo emitidos por empresas para captar recursos no mercado financeiro, oferecendo flexibilidade e retornos competitivos.
Repo Agreement	Acordo de recompra, envolvendo a venda temporária de títulos com um compromisso de recompra a um preço previamente acordado, sendo uma operação comum no mercado financeiro para levantamento de capital.
Covered Bonds	Títulos garantidos por ativos específicos do emissor, oferecendo uma camada adicional de segurança aos investidores.
Eurobonds	Títulos emitidos em uma moeda diferente da moeda do país emissor, atraindo investidores internacionais e proporcionando diversificação cambial.
Foreign Bonds	Títulos emitidos por governos ou entidades estrangeiras, permitindo aos investidores acesso a mercados internacionais de renda fixa.
Catastrophe Bonds	Instrumentos que transferem o risco de catástrofes naturais ou eventos específicos para os investidores, oferecendo retorno atrativo em condições normais e compensação em caso de ocorrência do evento catastrófico.
ABS	Títulos lastreados em ativos como hipotecas, empréstimos automotivos ou cartões de crédito, transformando esses ativos em instrumentos negociáveis no mercado financeiro.

7.5. Instrumentos de Renda Fixa na Gestão do Portfólio

Investimentos em títulos de dívida têm um papel estratégico na construção de portfólios eficientes, proporcionando estabilidade e diversificação. Ao integrar títulos de dívida em um contexto mais amplo de gestão de portfólio, os investidores podem buscar otimizar o equilíbrio entre risco e retorno. Iremos agora analisar a importância estratégica desses ativos e discutir as vantagens de incorporá-los em portfólios diversificados, explorando estratégias para minimizar riscos associados a esses investimentos.

A inclusão de títulos de dívida em um portfólio oferece uma variedade de benefícios. Esses ativos são conhecidos por sua estabilidade e capacidade de proporcionar um fluxo de caixa previsível, o que é essencial para investidores que buscam minimizar a volatilidade em seus portfólios. Além disso, títulos de dívida podem agir como uma proteção contra condições adversas do mercado de ações, agindo como um piso para o portfólio em períodos de instabilidade.

A diversificação é um princípio fundamental na gestão de portfólios, e os títulos de dívida são importantes nesse contexto. Ao adicionar classes de ativos com correlações diferentes, os investidores podem reduzir o risco total de seus portfólios, contribuindo para uma alocação mais equilibrada. Títulos de dívida, com seus diversos tipos, prazos e níveis de risco, oferecem opções para construir portfólios eficientes e de acordo com a preferência de risco e o retorno de investidores com diferente tolerância a risco. Porém, embora sejam considerados menos arriscados do que algumas alternativas, ainda há riscos específicos. Como mencionado, riscos de taxa de juros, de crédito e de reinvestimento são fatores críticos a serem considerados.

Estratégias, como a construção de uma curva de rendimentos diversificada, o uso de derivativos para gerenciar riscos de taxa de juros e a análise rigorosa da qualidade do crédito podem ser empregadas para mitigar esses riscos. A alocação eficiente de ativos é essencial na gestão de portfólios, e as estratégias de alocação em títulos de dívida podem variar com base nos objetivos do investidor e nas condições de mercado. A combinação de títulos do governo, corporativos e outros tipos pode ser ajustada com base no perfil de risco e no período desejado de investimento de cada investidor.

A incorporação de investimentos em títulos de dívida em portfólios oferece uma série de vantagens, desde estabilidade até diversificação eficiente. A gestão atenta dos riscos associados a esses ativos é crucial para otimizar os retornos. Ao considerar estratégias de alocação e diversificação, os investidores podem aproveitar ao máximo os benefícios dos títulos de dívida em um contexto mais amplo de gestão de portfólio.

É importante notar que, além de ser uma opção ao investidor tradicional, títulos de renda fixa são muito usados por investidores institucionais para gerenciamento do capital de giro e para pagamento de obrigações futuras, como plano de aposentadorias.

Exemplo 7.3. Títulos de Renda Fixa na Gestão do Portfólio

Usando os dados da tabela, demonstre que a adição de um título de renda fixa no portfólio irá diminuir o risco total em relação a um portfólio investido 100% em ações.

Ativo	Peso no Portfólio	Desvio-Padrão
Ações	60%	18%
Renda Fixa	40%	6%

A correlação entre ações e renda fixa é -0.3.

O risco de um portfólio investido em 100% de ações é 18%.

Para calcular o risco total do portfólio com a adição de renda fixa usamos a fórmula do desvio-padrão de um portfólio de dois ativos:

$$\sigma_p = \sqrt{\omega_a^2 \times \sigma_a^2 + \omega_b^2 \times \sigma_b^2 + 2 \times \omega_a \times \omega_b \times \rho_{ab} \times \sigma_a \times \sigma_b}$$

Substituindo os valores conhecidos na fórmula, obtemos:

$$\sigma_p = \sqrt{(0,6^2 \times 0,18^2) + (0,4^2 \times 0,06^2) + (2 \times 0,6 \times 0,4 \times -0,3 \times 0,18 \times 0,06}$$

$$\sigma_p = \sqrt{(0,001166) + (0,000576) - (0,00155)}$$

$$\sigma_p = \sqrt{0,010685}$$

$$\sigma_p \approx 0,1034 \approx 10.34\%$$

Um investimento de 60% em ações e 40% em renda fixa gera um risco de 10.34%, comparado com um risco de 18% do investimento de 100% em ações. Essa redução do risco, fruto da diversificação, ocorre devido à baixa (negativa) correlação entre ações e títulos neste exemplo.

Resumo

Apresentamos, neste capítulo, uma compreensão dos títulos de dívida e sua integração eficiente na gestão de portfólios. Desde a exploração dos mercados nos quais esses ativos são negociados até a análise detalhada dos riscos e retornos associados, delineamos estratégias essenciais para otimizar investimentos. A importância estratégica dos títulos de dívida na construção de portfólios foi ressaltada no capítulo pela capacidade de estes investimentos proporcionarem estabilidade, fluxo de caixa previsível e proteção contra volatilidades no mercado de ações. A diversificação, tarefa importante na gestão de portfólios, foi explorada em sua aplicação prática, destacando a variedade de opções oferecida pelos diversos tipos de títulos. Ao analisar os riscos inerentes aos investimentos em títulos de dívida, discutimos estratégias para mitigar desafios como risco de taxa de juros, de crédito e de reinvestimento. A alocação eficiente de ativos foi abordada como componente essencial na busca por portfólios equilibrados, adaptados ao perfil de risco de cada investidor. Ao final, reforçamos a ideia de que os títulos de dívida não são apenas instrumentos financeiros, são peças fundamentais na construção de portfólios diversificados e eficientes.

Questões e Problemas

1. Quais são os principais mercados onde os títulos de dívida são negociados no contexto nacional e no internacional? Identifique três participantes-chave nesses mercados e explique brevemente o papel de cada um.
2. Descreva sucintamente os conceitos de *Duration*, risco de reinvestimento e risco de crédito associados aos investimentos em títulos de dívida. Como a diversificação pode ajudar a mitigar esses riscos? Dê um exemplo prático.
3. Explique as diferenças entre as curvas de juros *Spot*, *Par* e *Forward*. Defina e explique brevemente os *spreads* G, I (*Swap Curve*) e Z.
4. Quais são as principais características distintas entre o mercado de títulos no Brasil e no mercado internacional? Como essas diferenças podem impactar as estratégias de investimento?

5. Qual é a importância da inclusão de títulos de dívida na construção de portfólios diversificados? Discuta duas estratégias para minimizar riscos ao integrar títulos de dívida em uma carteira de investimentos.

6. Considere os seguintes títulos com diferentes características:

Título	Maturity	Cupom (%)	Taxa de Juros (YTM)	Collateral
X	7 anos	3	5	Sim
Y	12 anos	5	6	Não
Z	8 anos	4	4	Sim

a) Qual desses títulos oferece menos risco de preço se as taxas de juros aumentarem?
b) Qual desses títulos tem menos risco de reinvestimento?
c) Qual título possui menor risco de crédito?

7. Considere os seguintes títulos com maturidades e cupons similares:

Título	Maturity (Anos)	Cupom (%)	Yield (%)	Treasury Yield (%)	*Swap* Yield (%)	Z *Spread* (%)
A	5	4	4.2	2.5	3.7	0.7
B	5	4	4.4	2.5	3.7	-0.3
C	5	4	4.3	2.5	3.7	0
D	5	4	4.6	2.5	3.7	1.5

a) Qual título tem o maior G-*Spread*?
b) Qual título tem o maior I-*Spread*?
c) Qual título está mais *overvalued*, de acordo com o Z *Spread*?
d) Qual título está corretamente precificado, de acordo com o Z *Spread*?

8. Um investimento de 100% em renda fixa gera 12% de risco total. Usando os dados da tabela, demonstre que a adição de outro instrumento de renda fixa, título A, no portfólio, não irá contribuir para a diversificação do risco do portfólio.

Classe de Ativo	Peso no Portfólio	Desvio-Padrão
Título A	60%	8%
Renda Fixa	40%	12%

A correlação entre título A e renda fixa é +0.9.

Questões Comentadas – Exames CFA®

1. Considering the relationship between bond yields and maturity, which statement accurately describes the shape (format) of the yield curve under normal market conditions?
A) The yield curve is inverted, indicating that short-term bonds have higher yields than long-termbonds.
B) The yield curve is upward, suggesting that long-term bonds typically offer higher yields than short-term bonds due to the increased risk over time.
C) The yield curve is flat, meaning that short-term and long-term bonds yield the same.

Comentário: Em condições normais de mercado, a curva de juros (*yield curve*) é ascendente (*upward*). Isso significa que os títulos de longo prazo geralmente oferecem rendimentos mais altos do que os de curto prazo. A razão para isso é que investir por um período mais longo envolve mais incertezas e riscos, como a inflação ou mudanças na taxa de juros.
Resposta: B.

2. Which of the following best describes how the concept of Duration?

A) A bond with a higher duration will have less price sensitivity to interest rate changes, indicating a more stable investment.

B) Duration is unrelated to a bond's price sensitivity to interest rate changes, focusing solely on the bond's yield to maturity.

C) A bond with a higher duration will have greater price sensitivity to interest rate changes, meaning its price is more likely to fluctuate with market interest rates.

Comentário: *Duration* reflete a sensibilidade do preço de um título de dívida às mudanças nas taxas de juros. O preço de um título com *duration* maior terá uma sensibilidade maior às alterações nas taxas de juros. O preço do título é mais propenso a flutuar devido às mudanças nas taxas de juros do mercado. **Resposta: C**.

3. Which of the following statements accurately differentiates zero-coupon bonds from inflation-linked bonds?

A) Zero-coupon bonds makes coupon payments and are best suited for investors seeking consistent income, whereas inflation-linked bonds do not offer any periodic interest payments.

B) Inflation-linked bonds adjust their principal value with inflation rates, providing protection against inflation, while zero-coupon bonds are sold at a discount to face value and pay no periodic interest.

C) Both zero-coupon bonds and inflation-linked bonds guarantee a fixed interest rate return, however inflation-linked bonds increases its interest payments during inflation.

Comentário: Títulos vinculados à inflação ajustam seu valor principal de acordo com um índice de preços, oferecendo proteção contra a inflação. Isso significa que o valor do título aumenta se a inflação subir, protegendo o poder de compra do investidor. No entanto, os títulos de cupom zero são vendidos com desconto em relação ao valor de face e não pagam juros periódicos. Eles têm vencimento atrelado ao valor de face, e o lucro do investidor vem da diferença entre o preço de compra e o valor pelo qual o título é resgatado.
Resposta: B.

4. Which of the following is most likely a goal of immunizing a fixed income portfolio?
A) To adjust the portfolio to benefit from market volatility.
B) To ensure the portfolio consistently outperforms the market index.
C) To protect the portfolio's value against interest rate changes.

Comentário: Um objetivo importante da imunização de um portfólio de títulos de renda fixa é proteger o seu valor contra mudanças nas taxas de juros. Isso significa que a estratégia busca minimizar o impacto que as flutuações das taxas de juros podem ter sobre o preço dos títulos dentro do portfólio, ajudando a garantir que seu valor permaneça estável mesmo quando as taxas de juros mudam. Isso é especialmente importante para investidores que precisam garantir um determinado valor do portfólio em um momento específico no futuro, como, por exemplo, um fundo de pensão proporcionando benefícios de aposentadoria a seus membros. **Resposta: C**.

5. Which of the following is considered a form of external credit enhancement for fixed income securities?
A) Creating covenants that benefits the issuer.
B) Pledging of additional assets by the issuer.
C) Obtaining insurance from a third-party guarantor.

Comentário: A obtenção de uma garantia terceirizada é considerada uma forma de melhoria de crédito externo para títulos de renda fixa. Envolve uma seguradora ou uma instituição financeira, que fornece uma garantia de pagamento do principal e dos juros em caso de inadimplência do emissor. Isso aumenta a confiança dos investidores na segurança do investimento, podendo melhorar a classificação de crédito do título e reduzir os custos de empréstimo para o emissor. A *overcollateralization* e o comprometimento de ativos adicionais (*pledging assets*) são formas de melhoria de crédito interno, não externo. **Resposta: C**.

Capítulo 8: Ações e Avaliação Patrimonial

Objetivos de Aprendizado:

1. Entender o funcionamento dos mercados, seus participantes e os principais índices.
2. Apresentar as expectativas do mercado de ações.
3. Demonstrar a construção e o gerenciamento de portfólio de ações.
4. Conceituar os principais métodos de avaliação patrimonial.
5. Compreender a execução de negociações e de rebalanceamento de carteira de ações.

Para entender o mercado de ações, é importante começar pela base: a estrutura, a composição e a função dos mercados de ações. Neste capítulo abordaremos a estrutura e a função dos mercados de ações, bem como os índices que servem de base para análise de *performance* de investimentos em ações. Continuaremos explicando esses investimentos no contexto de mercado de capitais avaliando as variáveis macroeconômicas, políticas monetárias e eventos globais que influenciam as expectativas do mercado de capitais, analisando como elas afetam a avaliação de ações e a tomada de decisões de investimento. Prosseguiremos com a análise de investimentos em portfólios de ações, mostrando estratégias de investimento como *top-down* e *bottom-up* na construção de portfólios de ações. Discutiremos a importância da diversificação e como a seleção de ações baseada em análise setorial pode mitigar riscos específicos do setor. Nesse contexto, vamos prosseguir passando pelos principais métodos de avaliação patrimonial, incluindo análise de fluxo de caixa descontado, avaliação por múltiplos e análise comparativa. Vamos abordar os principais riscos associados ao investimento em ações, como volatilidade do mercado, risco setorial e risco da empresa, na avaliação e estratégia para reduzi-los. Terminaremos o capítulo com uma abordagem sobre rebalanceamento de portfólio para alinhar os investimentos com os objetivos de longo prazo e tolerância ao risco do investidor. Abordaremos também as estratégias de redução de riscos, incluindo uso de ordens *stop-loss*, diversificação e *hedging*, para proteger o portfólio contra movimentos adversos do mercado.

8.1. Mercado de Ações

Os mercados de ações são locais onde se negociam partes do capital de empresas, conhecidas como ações, permitindo que as empresas captem recursos para seus projetos e expansões, enquanto oferecem aos investidores a oportunidade de participar dos lucros e do crescimento empresarial. Existem dois tipos principais de mercados de ações: o primário e o secundário.

O mercado primário é aquele no qual as ações são emitidas pela primeira vez em uma oferta pública inicial, conhecida pela sigla em inglês IPO (*Initial Public Offering*). Já o mercado secundário é conhecido por ser aquele no qual as ações previamente emitidas são negociadas entre os investidores, sem que haja um fluxo de capital diretamente para a empresa. É no mercado secundário que a maior parte da atividade de negociação acontece diariamente, determinando o preço das ações com base na oferta e demanda.

No mercado primário, a relação direta entre as empresas e os investidores tem um papel fundamental no desenvolvimento econômico, pois é por meio dele que as empresas captam os recursos necessários para financiar novos projetos, expandir operações ou melhorar sua estrutura de capital. Esse processo é vital não apenas para as companhias que buscam crescimento, mas também para a economia como um todo, pois facilita a geração de empregos, a inovação e a competitividade. Em contrapartida, o mercado secundário oferece a liquidez necessária para que os investidores possam comprar e vender ações livremente, sem afetar diretamente o caixa das empresas cujas ações estão sendo negociadas.

A liquidez do mercado é importante porque proporciona aos investidores a flexibilidade de ajustar suas posições conforme suas estratégias de investimento ou necessidades financeiras, sem grandes dificuldades ou demoras. Além disso, o mercado secundário opera na descoberta de preços, no qual o valor das ações é constantemente ajustado com base na oferta e demanda, refletindo as expectativas do mercado quanto ao desempenho futuro das empresas.

Os participantes desempenham papéis cruciais no volume e na liquidez do mercado de ações. Os investidores individuais, ou pessoas físicas, e os institucionais, como fundos de pensão, fundos de investimento e seguradoras, são os principais compradores de ações. Os *market makers*, ou formadores de mercado, garantem a liquidez comprando e vendendo ações a preços publicamente cotados.

Além dos investidores individuais e institucionais, que são a força dessa oferta e demanda de ações, os *market makers* asseguram que o mercado funcione de maneira eficiente, oferecendo liquidez ao estarem sempre prontos para comprar ou vender ações. Ao fazerem isso, eles reduzem o *spread*, que é a diferença entre os preços de compra e venda, contribuindo para um mercado mais estável e previsível.

Finalmente um participante importante do mercado financeiro são os reguladores do mercado, como a CVM no Brasil e a *Securities and Exchange Commission* (SEC) nos Estados Unidos. Elas têm o papel de supervisionar o mercado, garantindo sua transparência, equidade e integridade.

Os agentes reguladores garantem que o mercado opere de forma justa e transparente, protegendo os investidores contra fraudes, manipulação de mercado e outras práticas ilegais. A regulamentação adequada é fundamental para manter a confiança dos investidores no mercado de ações, o que, por sua vez, é essencial para a saúde e a estabilidade do sistema financeiro global.

Os índices de ações são ferramentas indispensáveis para analisar o desempenho do mercado. No Brasil, o Ibovespa é o principal indicador do desempenho médio das cotações dos ativos mais negociados no mercado de bolsa. Internacionalmente, o S&P 500 e o Dow Jones Industrial Average são dois dos mais reconhecidos índices, representando respectivamente o desempenho das 500 maiores empresas listadas nas bolsas dos EUA e das 30 grandes empresas industriais americanas.

Esses índices são utilizados por investidores e analistas para avaliar a saúde geral do mercado de ações, servindo como referência para a criação de fundos de índice (ETFs) e para estratégias de investimento baseadas no desempenho do mercado como um todo. Os índices de ações servem também como medidas do sentimento do mercado, oferecendo uma visão geral do desempenho de diversos setores da economia.

Índices são fundamentais para investidores e gestores de fundos na avaliação do desempenho de suas carteiras em relação ao mercado mais amplo. Além disso, muitos produtos de investimento, como os ETFs, são baseados nesses índices, permitindo que investidores tenham exposição a uma ampla gama de ações com uma única transação, o que simplifica a diversificação e a gestão de risco.

A análise dos índices de ações e seu desempenho ao longo do tempo podem oferecer valiosas informações sobre tendências econômicas mais amplas, mudanças no sentimento dos investidores e potenciais oportunidades de investimento. Por exemplo, um movimento ascendente e contínuo em um índice de ações pode indicar otimismo quanto ao crescimento econômico e aos lucros corporativos, enquanto uma tendência de queda pode sinalizar preocupações com a economia ou desafios específicos do setor.

Ao compreender a estrutura e a função dos mercados de ações, os tipos de mercados, os principais participantes e a importância dos índices de ações, os investidores e os analistas podem minimizar riscos e aumentar a eficácia nos investimentos em ações.

8.2. Expectativa do Mercado de Ações

Compreender as expectativas do mercado de capitais é fundamental para investidores, gestores de fundos e qualquer pessoa envolvida na economia. Essas expectativas são alimentadas por variáveis macroeconômicas, políticas monetárias e eventos globais que, juntos, fornecem uma previsão sobre a direção futura dos mercados financeiros.

A macroeconomia é a espinha dorsal das expectativas do mercado de capitais. Indicadores como produto interno bruto (PIB), inflação, desemprego e balança comercial fornecem uma visão ampla da saúde econômica de um país. Por exemplo, um PIB crescente geralmente sinaliza uma economia robusta, o que pode levar a um aumento da confiança dos investidores e, consequentemente, a uma valorização dos mercados de ações. No entanto, altas taxas de inflação podem diminuir o poder de compra e erodir o valor real dos retornos dos investimentos, o que muitas vezes resulta em um mercado mais cauteloso ou *bearish*.

Investidores e analistas monitoram de perto esses indicadores para ajustar suas expectativas e portfólios. Um relatório de emprego que supera as expectativas pode levar a uma onda de otimismo, enquanto números abaixo do esperado podem gerar receio sobre a saúde da economia. Além disso, a balança comercial, que mede a diferença entre as exportações e as importações de um país, pode afetar a moeda nacional e, por extensão, as empresas que dependem fortemente do comércio internacional.

As políticas monetárias, determinadas pelos bancos centrais, são ferramentas poderosas que influenciam diretamente as expectativas do mercado de capitais. Decisões sobre taxas de juros, emissão de moeda e operações de mercado aberto têm impactos significativos nos custos de empréstimos, o que afeta tanto o consumo quanto o investimento. Ações de empresas que seguem o ciclo econômico podem perder valor em períodos de alta de juros. Quando um banco central eleva as taxas de juros para combater a inflação, o custo do empréstimo aumenta, o que pode esfriar a atividade econômica e reduzir o volume nos investimentos de risco, como ações.

Inversamente, a redução das taxas de juros pode estimular a economia ao tornar o crédito mais barato, o que geralmente é positivo para os mercados de ações. Além disso, políticas de flexibilização quantitativa, que envolvem a compra de ativos pelo banco central para injetar liquidez na economia, podem elevar as expectativas do mercado ao promover condições mais favoráveis ao investimento. Eventos globais, como crises políticas, acordos comerciais, pandemias e mudanças geopolíticas, também moldam as expectativas do mercado de ações. Por exemplo, uma crise política em um país pode levar à fuga de capitais, afetando negativamente o mercado de ações.

Em contrapartida, a assinatura de um novo acordo comercial pode abrir mercados e criar oportunidades para empresas locais, impulsionando as ações dessas empresas. A pandemia de COVID-19 é um exemplo recente de como um evento global pode afetar drasticamente as expectativas do mercado. O surgimento do vírus e as subsequentes medidas de *lockdown* criaram incerteza significativa, resultando em volatilidade do mercado e em uma reavaliação rápida das expectativas de investidores em todo o mundo. A rápida mudança para o trabalho remoto aumentou o valor das empresas de tecnologia, enquanto setores como turismo e varejo tradicional sofreram grandes perdas.

As expectativas do mercado de capitais são um dos principais influenciadores na avaliação de ações e na tomada de decisões de investimento. Quando investidores e analistas formam expectativas sobre o desempenho futuro de uma empresa, de um setor ou da economia, isso é refletido imediatamente nos preços das ações, conforme a Hipótese do Mercado Eficiente.

Entender como essas expectativas moldam a avaliação de ações é fundamental para qualquer investidor. É essencial reconhecer que o preço de uma ação no mercado é, em muitos aspectos, uma manifestação das expectativas coletivas dos investidores. Estas incluem previsões de receitas futuras, expectativas de crescimento, percepção sobre a gestão da empresa e sua posição competitiva, além de fatores externos, como a estabilidade política e a política econômica.

Se os investidores esperam que a empresa cresça a uma taxa mais rápida devido, por exemplo, à introdução de um novo produto inovador ou à expansão em um novo mercado, eles podem estar dispostos a pagar mais pela ação, elevando seu preço. As expectativas em relação à política monetária, como mudanças nas taxas de juros pelo BCB, também influem nas decisões de investimentos. Taxas de juros mais baixas geralmente reduzem o custo do capital e podem levar a uma maior disposição para investir em ações, elevando assim os preços desses ativos. Em contrapartida, a expectativa de aumento das taxas pode levar os investidores a exigirem retornos mais altos para compensar o custo de oportunidade de manter ações, o que pode reduzir os preços das ações.

Além disso, eventos macroeconômicos e globais podem afetar as expectativas e, por sua vez, a avaliação de ações. Por exemplo, uma crise econômica pode levar a expectativas de menor consumo, o que afetaria negativamente as previsões de vendas e lucros para as empresas, resultando em uma reavaliação para baixo de suas ações. Em contraste, um acordo comercial que remove barreiras e tarifas pode criar expectativas de aumento das exportações e lucros corporativos, impulsionando o valor das ações das empresas beneficiadas.

A tomada de decisões de investimento também é fortemente influenciada por essas expectativas. Investidores baseiam suas decisões não apenas no desempenho passado e atual das empresas, mas também em suas projeções para o futuro. Se as expectativas são de um bom desempenho, eles podem comprar ou manter ações, esperando capitalizar sobre o crescimento antecipado. Se caso houver um desempenho fraco ou incerto, podem decidir vender ações para evitar perdas ou redirecionar seus investimentos para oportunidades mais promissoras.

As expectativas do mercado de capitais estão intrinsecamente ligadas à avaliação de ações e à tomada de decisões de investimento. Os preços das ações refletem as expectativas dos investidores sobre o futuro, suas análises financeiras e o sentimento do mercado.

8.3. Gerenciamento do Portfólio de Ações

Investir no mercado de ações pode ser comparado a possuir um imóvel. Assim como existem diferentes abordagens para a escolha desse imóvel, há diferentes abordagens para a escolha de ações. No caso do imóvel, podemos começar escolhendo a cidade, o bairro, até encontrarmos um imóvel que nos satisfaça. Porém, se já sabemos onde queremos comprá-lo, podemos analisar as propriedades de acordo com critérios específicos até encontrarmos uma adequada. O processo de escolha de ações também envolve distintas estratégias de investimento. Apresentaremos as duas mais utilizadas: as estratégias *top-down* e a *bottom-up*. Ambas têm seus méritos e podem ser usadas isoladamente ou em conjunto para criar um portfólio diversificado e robusto.

A abordagem *top-down* é como começar a procurar por um imóvel escolhendo primeiro a cidade, depois o bairro, até encontrarmos um adequado. Usando essa analogia, seria como se os investidores, ao buscar ações, começassem esse processo analisando a economia global ou de um país específico. A partir daí, filtram setores e indústrias que acreditam que irão se sair bem, dadas as condições econômicas atuais ou futuras previstas. Finalmente, eles identificam as melhores empresas dentro desses setores para investir.

Essa estratégia é altamente influenciada por fatores macroeconômicos, tais como PIB, taxas de juros, inflação e políticas governamentais. Por exemplo, se a economia está em uma tendência de crescimento, setores como o de construção e o de bens de consumo duráveis podem se beneficiar, uma vez que as pessoas tendem a gastar mais. No entanto, se a economia está se contraindo, os investidores podem olhar para setores defensivos, como serviços públicos e saúde, que geralmente são menos afetados pelas flutuações econômicas.

Imagine que um investidor, após analisar os indicadores econômicos, percebe que as taxas de juros estão baixas e a construção civil está em alta. Com essa informação, ele decide focar no setor imobiliário. Ele pesquisa e identifica que a região X está experimentando um *boom* imobiliário devido ao aumento do emprego e à chegada de novas empresas. Baseado nisso, selecionaria ações de empresas de construção civil que operam nessa região.

Já a abordagem *bottom-up* é como construir uma casa em um local específico onde queremos esse imóvel. Nessa estratégia, o investidor já sabe em qual mercado irá investir e foca nas características individuais de cada empresa listada nas bolsas de valores locais, independentemente do setor em que opera.

Da mesma forma que o comprador de um imóvel faz uma análise individual de cada propriedade no local escolhido, investidores que usam a estratégia *bottom-up* fazem uma análise detalhada dos fundamentos da empresa, incluindo suas demonstrações financeiras, gestão, posição no mercado e potencial de crescimento. Investidores que adotam a *bottom-up* buscam empresas que eles acreditam serem intrinsecamente sólidas, muitas vezes desconsiderando as tendências macroeconômicas.

A ideia é que, se uma empresa é bem administrada e tem produtos ou serviços sólidos, ela irá prosperar a longo prazo, independentemente do que o mercado em geral está fazendo. Considere um investidor que descobre uma pequena empresa de tecnologia que desenvolveu um produto inovador com potencial para revolucionar o mercado. Ela tem uma boa gestão, um balanço sólido, fluxo de caixa positivo e está expandindo suas vendas ano após ano. Mesmo que o setor de tecnologia como um todo esteja passando por um período volátil, o investidor escolhe comprar ações dessa empresa, acreditando no seu potencial de crescimento individual.

Embora *top-down* e *bottom-up* sejam estratégias distintas, elas não são mutuamente exclusivas. Investidores podem usar a análise *top-down* para identificar setores atraentes e, em seguida, aplicar a análise *bottom-up* para escolher as melhores empresas dentro desses setores. Um investidor pode determinar que o setor de energia renovável pode crescer devido às políticas governamentais favoráveis e à demanda por energia alternativa. Em seguida, ele pode procurar empresas específicas dentro desse setor. Estratégias de investimento baseadas em análise *top-down* em conjunto com o *bottom-up* podem complementar os esforços de diversificação ao identificar oportunidades de investimento com base em fatores macroeconômicos e fatores específicos das empresas. Ao diversificar investimentos entre diferentes classes de ativos, setores e países, os investidores podem reduzir o impacto negativo que um investimento individual pode ter sobre o desempenho geral do portfólio.

Não é raro que setores inteiros sejam afetados por condições de mercado desfavoráveis, mudanças regulatórias ou avanços tecnológicos abruptos. A diversificação ajuda a garantir que os riscos associados a tais eventos sejam mitigados, possibilitando que o portfólio absorva choques setoriais sem um prejuízo significativo no valor total do investimento.

Exemplo 8.1. Aplicação dos Modelos *Top-Dow* e *Bottom--Up*

Imagine que você está analisando o ambiente econômico e tem as seguintes informações:

Análise Macroeconômica:

Indicador	Tendência
PIB	Crescimento de 3% ao ano
Taxas de Juros	2%
Inflação	1.5%
Incentivos Governamentais	Setor de Tecnologia

Análise Setorial:

Setor	Crescimento Projetado
Tecnologia	10% ao ano
Saúde	5% ao ano
Utilidades	2% ao ano

Seleção de Ações:

Empresa	Setor	Crescimento de Receita	P/L	ROE
A	Tecnologia	15% ao ano	20	25%
B	Saúde	7% ao ano	15	18%
C	Utilidades	3% ao ano	10	12%

No método *top-down*, o investidor começa analisando a economia geral, que está em crescimento com baixas taxas de juros e inflação controlada. Esses fatores indicam um ambiente favorável para o crescimento econômico. O investidor então identifica o setor de tecnologia como o mais promissor, com um crescimento projetado de 10% ao ano, beneficiado por incentivos governamentais. Dentro desse setor, a Empresa A é escolhida devido ao seu alto crescimento de receita, baixo P/L e alto ROE, demonstrando como a análise macroeconômica e setorial influencia a seleção de ações.

No método *bottom-up*, o investidor foca na análise individual das empresas. A Empresa A, com um crescimento de receita de 15% ao ano, P/L de 20 e ROE de 25%, é a mais atraente devido aos seus fortes fundamentos financeiros. Mesmo sem considerar as condições macroeconômicas, a Empresa A mostra um potencial de crescimento significativo, fazendo dela a escolha preferida.

8.4. Métodos de Avaliação Patrimonial

E como é realizada a precificação dos ativos no mercado de ações? É um processo complexo, pois visa estimar o valor justo de uma empresa com base em seus benefícios econômicos futuros esperados. Porém, existem métodos de precificação comumente usados para este propósito.

Entre as técnicas mais empregadas, está o método dos benefícios descontados, que compreende várias abordagens: o fluxo de caixa descontado (DCF), o método dos dividendos descontados (DDM) e o método do lucro residual descontado (DRI) são os mais usados.

Essas técnicas compartilham um princípio comum: estimam o valor presente dos benefícios futuros esperados que a empresa gerará, ajustados pelo risco por meio de uma taxa de desconto. O DCF considera o valor presente dos fluxos de caixa livres que a empresa espera gerar ao longo do tempo. Os fluxos de caixa usados nesse método são chamados de fluxo de caixa livre para a empresa (FCFF) e fluxo de caixa livre para o acionista (FCFE), são representados pelo dinheiro disponível para cada parte interessada após serem feitos todos os investimentos necessários para manter ou expandir o valor da empresa. Esse método é particularmente versátil e muito usado na avaliação de empresas, e consequentemente na precificação de suas ações.

O DDM é outra técnica que se concentra especificamente nos dividendos futuros esperados que a empresa pagará aos seus acionistas. Aqui, o valor da empresa é considerado como o valor presente de todos os dividendos futuros que ela espera pagar, descontados a uma taxa que reflete o risco desses pagamentos. O DDM é particularmente adequado para empresas que têm um histórico claro de pagamentos de dividendos e cujos dividendos são previstos para crescer a uma taxa constante. Essas empresas são geralmente estáveis com histórico e reputação consolidada no mercado, dentre elas, podemos citar a Coca-Cola.

O método do DRI leva em conta rendimento residual, que é o lucro que uma empresa gera acima do esperado pelos acionistas. Em suma, o método dos benefícios descontados, com suas diversas abordagens, permite que investidores e analistas considerem vários fatores, desde o retorno financeiro direto por meio de dividendos até os aspectos mais amplos do valor gerado pela empresa ao longo do tempo.

Além do método dos benefícios descontados, usamos outros métodos de precificação de ações. O método da avaliação por múltiplos é uma técnica relativa que compara a empresa em questão com outras semelhantes, utilizando múltiplos financeiros comuns, como preço-lucro (P/E), valor da empresa sobre EBITDA (EV/EBITDA) ou preço sobre vendas (P/S).

O método de múltiplos é frequentemente mais rápido e mais fácil de aplicar do que o DCF, mas depende da disponibilidade de empresas comparáveis e da premissa que elas estão corretamente avaliadas pelo mercado. Esse método é particularmente útil para empresas que não têm fluxos de caixa positivos ou para setores em que as comparações diretas de desempenho financeiro são importantes.

A análise comparativa, muitas vezes usada em conjunto com a avaliação por múltiplos, envolve a comparação de uma empresa com um conjunto de empresas semelhantes ou "comparáveis". A ideia é que empresas similares em um mesmo setor e com características operacionais semelhantes devem ter avaliações similares. Essa análise observa vários indicadores financeiros e operacionais, além de múltiplos, para determinar se uma empresa está subvalorizada ou supervalorizada em relação a seus pares. É muito importante salientar que investir em ações envolve uma variedade de riscos, sendo a volatilidade do mercado um dos mais impactantes.

Exemplo 8.2. Métodos de Avaliação Patrimonial

Observe os dados da empresa na tabela a seguir e responda as questões:

Último Dividendo (D0)	Fluxo de Caixa Livre por ação	Lucro Líquido por ação	Patrimônio Líquido por ação	Taxa de Desconto	Taxa de Crescimento Sustentável
$2	$10	$15	$100	10%	4%

a) Calcule o valor da ação da empresa usando o método de Dividendos Descontados.

Usando a fórmula $P_0 = \dfrac{D_0(1+g)}{r-g}$:

$P_0 = \dfrac{2,00 \times (1+0,04)}{0,10-0,04}$

$P_0 = \dfrac{2,08}{0,06}$

$P_0 = 34,67$

b) Calcule o valor da ação da empresa usando o método do Fluxo de Caixa Livre Descontado.

Usando a fórmula $P_0 = \dfrac{FCF_0(1+g)}{r-g}$:

$P_0 = \dfrac{10,00 \times (1+0,04)}{0,10-0,04}$

$P_0 = \dfrac{10,40}{0,06}$

$P_0 = 173,33$

c) Calcule o valor da empresa usando o método do Lucro Residual Descontado.

Usando a fórmula Rl = Lucro Líquido

$Rl = LucroLíquido - (PatrimônioLíquido \times CustodoCapital)$

$Rl_0 = 15 - (100 \times 0,10) = 15 - 10 = 5$

E então o valor presente do lucro residual com crescimento perpétuo:

$P_0 = \dfrac{Rl_0(1+g)}{r-g} + PatrimônioLíquido$

$P_0 = \dfrac{5 \times (1+0,04)}{0,10-0,04} + 100$

$P_0 = \dfrac{5,20}{0,06} + 100$

$P_0 = 86,67 + 100 = 186,67$

8.5. Negociação e Rebalanceamento de Carteira de Ações

Movimentos abruptos nos preços das ações podem resultar tanto em ganhos expressivos quanto em perdas significativas em curtos períodos. Além disso, existe o risco setorial, no qual fatores que afetam um determinado setor da economia, além do risco específico de cada ação, que se refere à gestão da empresa, à sua *performance* financeira e à competitividade no mercado. Conforme trabalhado no capítulo 5, investidores devem recorrer à diversificação, à análise das condições de mercado e setoriais, bem como a uma avaliação detalhada dos fundamentos da empresa antes de investir.

Um último ponto importante que discutiremos neste capítulo é sobre o processo de compra e venda de ações. A execução eficaz de negociações no mercado de ações é parte importante para o sucesso do investimento. Escolher o momento certo para comprar ou vender ações é crucial e requer uma compreensão das tendências do mercado, além das técnicas de seleção de investimentos descritas neste capítulo.

Além disso, a escolha do tipo de ordem de execução pode significativamente influenciar os resultados das negociações. Os três tipos mais comuns são *market orders, limit orders and stop-loss orders*, cada uma servindo a propósitos diferentes, controlando o preço de execução e limitando possíveis perdas. O impacto que grandes ordens têm no mercado também não pode ser ignorado, pois podem alterar o preço de um ativo, especialmente em mercados com menor volume de negociação.

Para lidar com isso, investidores institucionais muitas vezes recorrem a estratégias de execução algorítmica, que dividem grandes ordens em várias menores, ajudando a minimizar esse impacto. Para manter um portfólio alinhado com os objetivos e a tolerância ao risco do investidor, são necessárias estratégias eficazes de rebalanceamento. À medida que o valor dos ativos muda ao longo do tempo, o rebalanceamento ajuda a garantir que a alocação de ativos permaneça em linha com a estratégia de investimento desejada. A mitigação de riscos é um componente crucial da gestão de portfólio. A utilização de ordens *stop-loss*, por exemplo, pode proteger contra perdas significativas, automaticamente, vendendo um ativo quando seu preço cai para um nível predeterminado.

Por fim, o *hedging*, por meio do uso de derivativos como opções e futuros, permite aos investidores protegerem seus portfólios contra movimentos adversos do mercado. Isso será discutido mais detalhadamente no capítulo 10.

Exemplo 8.3. Rebalanceamento de Portfólio

Dados Iniciais do Portfólio:

Ação	Preço (R$)	Número de Ações	Valor Inicial (R$)	Peso Inicial (%)
A	20	500	10.000	25
B	40	250	10.000	25
C	50	200	10.000	25
D	25	400	10.000	25
Total	–	–	–	100

Dados após 6 meses:

Ação	Preço (R$)
A	11
B	9.5
C	11
D	8

a) Após 6 meses, qual a nova proporção das ações A, B, C, D no portfólio?

Para calcular a nova proporção, primeiro encontramos o valor de cada ação:

Ação	Número de Ações	Novo Valor (R$)	Novo Total (R$)	Nova Proporção (%)
A	500	11	5.500	41,4%
B	250	9,5	2.375	17,9%
C	200	11	2.200	16,6%
D	400	8	3.200	24,1%
Total	–	–	$13.275	100%

Capítulo 8: Ações e Avaliação Patrimonial

b) Calcule o número de ações a serem compradas e vendidas para que todas as ações no portfólio tenham os mesmos 25% de peso do início.

Ação	Preço inicial (R$)	Número de Ações	Valor Inicial (R$)	Peso Inicial (%)	Novo Preço (R$)	Novo Valor (R$)	Novo Peso (%)	Valor-Alvo (25%, cada) (R$)	Diferença (R$)	Comprar/Vender (unidades)	Novo Número de Ações	Novo Total (R$)	Peso Final (%)
A	20	500	10.000	25	11	5.500	41,43%	3.318,75	-2.181,25	-198,30	301,70	3318,7	25
B	40	250	10.000	25	9,5	2.375	17,89%	3.318,75	943,75	99,34	349,34	3318,7	25
C	50	200	10.000	25	11	2.200	16,57%	3.318,75	1.118,75	101,70	301,7	3318,7	25
D	25	400	10.000	25	8	3.200	24,11%	3.318,75	118,75	14,84	414,84	3318,7	25
		Total	40.000			13.275						13.275	

O número de ações a serem compradas/vendidas está na coluna Comprar/Vender (unidades). Os números na coluna Novo Número de Ações apresentam o total de ações restantes após o rebalanceamento. O valor total investido em cada ação na mesma proporção anterior: 25% x 13.275 = 3.318,75

Cálculo: 500 − 198.3 = 301,7. Portanto, são necessárias aproximadamente 302 ações para manter o peso da ação A no portfólio igual a 25% do total.

c) Cite as vantagens e desvantagens em manter um portfólio igualmente balanceado.

• **Vantagens:**

Diversificação: reduz o risco ao evitar concentração em um único ativo.
Disciplina: força o investidor a vender ativos sobrevalorizados e comprar ativos subvalorizados.
Controle de risco: mantém o risco do portfólio alinhado com a estratégia inicial.

• **Desvantagens:**

Custos de transação: rebalanceamento frequente pode levar a altos custos de corretagem e taxas.
Implicações fiscais: vender ações para rebalancear pode gerar ganhos de capital e impostos.
Potencial perda de ganhos: vender ativos em alta para rebalancear pode limitar o potencial de ganhos.

Resumo

Compreender os mercados, seus participantes e os índices é condição necessária em qualquer investimento, pois permite aos investidores formarem expectativas informadas sobre o mercado de capitais. Essas expectativas são cruciais na construção e no gerenciamento de um portfólio de ações, pois orientam nas decisões sobre quando e onde investir. A avaliação patrimonial, seja por meio das técnicas de análises de fluxo de caixa descontado ou comparativas, fornece uma base sólida para selecionar ações com potencial de crescimento ou valorização. A execução eficaz de negociações e estratégias de rebalanceamento de portfólio são essenciais para alinhar investimentos com objetivos de longo prazo e tolerância ao risco, maximizando retornos enquanto se gerencia a exposição ao risco. Em suma, o sucesso no investimento em ações depende de uma compreensão profunda de vários fatores em conjunto, desde a macroeconomia até as especificidades da empresa e da habilidade em aplicar esse conhecimento de forma estratégica.

Questões e Problemas

1. Quais são os principais índices de ações e como eles refletem o desempenho do mercado? Explique a importância dos índices como o S&P 500 e o Dow Jones Industrial Average para investidores individuais e institucionais.
2. Como as expectativas em relação à política monetária afetam o mercado de ações? Discuta o impacto de uma elevação das taxas de juros pelo BCB na escolha de setores para investimento.
3. Descreva o processo de seleção de ações e como a diversificação pode ajudar a mitigar riscos específicos do setor.
4. Qual a diferença entre avaliação de empresas pelo método de DCF e pelo método dos múltiplos? Discuta a aplicabilidade de cada método para diferentes tipos de empresas.

5. Qual a importância do *timing* na execução de negociações e como o rebalanceamento de portfólio pode ajudar a alinhar os investimentos com os objetivos de longo prazo e a tolerância ao risco do investidor? Explique como as ordens *stop-loss* podem ser utilizadas nesse contexto.

6. Considere o cenário econômico com as seguintes informações e responda as questões:

Análise Macroeconômica:

Indicador	Valor
PIB	Crescimento de 2% ao ano
Taxas de Juros	3%
Inflação	2%
Incentivos Governamentais	Setor de Saúde

Análise Setorial:

Setor	Crescimento Projetado
Tecnologia	5% ao ano
Saúde	8% ao ano
Utilidades	3% ao ano

Seleção de Ações:

Empresa	Setor	Crescimento de Receita	P/L	ROE
D	Tecnologia	8% ao ano	18	20%
E	Saúde	10% ao ano	22	23%
F	Utilidades	4% ao ano	12	15%

a) Explique como a escolha do setor de saúde no cenário econômico descrito demonstra a aplicação do método *top-down*.

b) Qual ação você escolheria se estivesse focando apenas nos fundamentos da empresa, independentemente das condições macroeconômicas (método *bottom-up*)?

Capítulo 8: Ações e Avaliação Patrimonial

7. Considere os dados a seguir apresentados e responda as questões:

Dados da Empresa:

Ano	Último Dividendo (R$)	Fluxo de Caixa Livre (R$)	Lucro Líquido (R$)	Patrimônio Líquido (R$)	Taxa de Desconto (%)	Taxa de Crescimento (%)
1	3,00	12,00	20,00	150,00	12	5

a) Calcule o valor da empresa usando o método de Dividendos Descontados com crescimento perpétuo.

b) Calcule o valor da empresa usando o método do Fluxo de Caixa Livre Descontado com crescimento perpétuo.

c) Calcule o valor da empresa usando o método do Lucro Residual Descontado com crescimento perpétuo.

d) Quais métodos de *valuation* existem para uma empresa que não paga dividendos, não gera fluxo de caixa positivo, nem lucro residual?

8. Considere os dados a seguir apresentados e responda o que se pede:

Dados Iniciais do Portfólio:

Ação	Preço (R$)	Número de Ações	Valor Inicial (R$)	Peso Inicial (%)
A	30	300	9.000	33,33
B	45	200	9.000	33,33
C	60	150	9.000	33,33
Total	–	–	27.000	100

Dados após 6 meses:

Ação	Preço (R$)
A	28
B	48
C	55

a) Após 6 meses, qual a nova proporção das ações A, B, C no portfólio?

b) Calcule o número de ações a serem compradas e vendidas para que todas as ações no portfólio tenham os mesmos 33,33% de peso do início.

c) Cite uma vantagem e uma desvantagem em manter um portfólio igualmente balanceado.

Questões Comentadas – Exames CFA®

1. Which feature of convertible preferred stocks benefits during a rise in the issuer's stock price?
A) The fixed dividend rate that guarantees a return irrespective of the company's stock performance.
B) The option for investors to convert their preferred shares into a predetermined number of common shares.
C) The priority in dividend payments over common stockholders, ensuring higher payouts.

Comentário: A característica principal das ações preferenciais conversíveis é a opção aos investidores converterem suas ações preferenciais em um número predeterminado de ações ordinárias da empresa emissora. Essa conversão pode ser vantajosa para o investidor quando o preço da ação ordinária aumenta, permitindo que ele participe da valorização do preço da ação. Esse instrumento, além de pagar dividendos fixos, tem a possibilidade de beneficiar o investidor em um aumento no preço das ações ordinárias, pois eles podem converter suas ações em ações ordinárias mais valorizadas. **Resposta: B**.

2. Which of the following is a primary utility of market indices?
A) Provide a detailed financial analysis of each company within the index.
B) Serve as benchmarks for portfolio performance comparison.
C) Guarantee returns on investments that follows the index.
Comentário: Os índices de mercado, como o S&P 500 e o Russell 2000, são utilizados como *benchmarks* para comparar o desempenho de portfólios de investimentos. Esses índices representam segmentos específicos do mercado financeiro, sendo o S&P 500 um reflexo das 500 maiores empresas listadas nas bolsas dos EUA e o Russell 2000 focado em empresas de pequena capitalização. Ao comparar o desempenho de um portfólio com esses índices, gestores e investidores podem avaliar se a gestão do portfólio está agregando valor em relação ao mercado mais amplo ou a segmentos específicos. Essa comparação ajuda na tomada de decisões estratégicas sobre a alocação de ativos e na busca por uma *performance* superior. **Resposta: B**.

3. Which of the following statements about Exchange-Traded Funds (ETFs) is most likely true?
A) ETFs can only be bought or sold at the end of the trading day at its e net asset value price (NAV).
B) ETFs offer the diversification of a mutual fund and trade on an exchange, allowing for buying and selling throughout the trading day.

C) ETFs typically require a minimum investment amount similar to a hedge fund.

Comentário: ETFs (Exchange-Traded *Funds* ou Fundos Negociados em Bolsa) combinam a diversificação oferecida por um fundo com a flexibilidade de negociação de uma ação. Diferentemente dos fundos mútuos, que só podem ser comprados ou vendidos ao final do dia, os ETFs são negociados na bolsa de valores durante o dia de negociação, permitindo que investidores comprem e vendam suas cotas a preços de mercado em tempo real. Isso proporciona maior liquidez e flexibilidade, sem a exigência de um montante mínimo de investimento. **Resposta: B.**

4. A common method used in equity valuation to determine the value of a company based on its future cash flows is the:
A) Price-to-Earnings (P/E) Ratio.
B) Discounted Cash Flow (DCF) Analysis.
C) Sum of market values of assets – market value of liabilities.

Comentário: A DCF é um método amplamente utilizado na avaliação de ações para determinar o valor intrínseco de uma empresa com base em seus fluxos de caixa futuros esperados. Esse método envolve a projeção dos fluxos de caixa futuros da empresa e, em seguida, descontá-los de volta ao valor presente usando uma taxa de desconto, que reflete o risco do investimento. O DCF é considerado um dos métodos mais fundamentais e teoricamente sólidos para avaliação de ações, pois foca na capacidade da empresa de gerar valor por meio de suas operações futuras. **Resposta: B.**

5. Which of the following best describes the difference between top-down and bottom-up approaches in portfolio management?

A) In the top-down approach, investment decisions start with global economic trends, while the bottom-up approach focuses on selecting individual securities based on their merits, regardless of economic trends.

B) The top-down approach emphasizes technical analysis of individual securities, whereas the bottom-up approach is based on expectations analysis.

C) Both approaches prioritize timing strategies to optimize entry and exit points for investments to maximize returns and reduce trading costs.

Comentário: Na abordagem *top-down* (de cima para baixo) para a gestão de portfólios, as decisões de investimento começam com a análise de tendências econômicas globais e a avaliação de setores específicos. A partir dessas análises macroeconômicas e setoriais, os gestores selecionam os mercados e os setores onde investir, para depois escolherem os títulos específicos. Já na abordagem *bottom-up* (de baixo para cima), o foco é na seleção de títulos individuais baseada em suas características e potencial de valor, independentemente das condições macroeconômicas ou das tendências setoriais. A ideia é que o valor dos títulos individuais pode levar a bons resultados de investimento, mesmo em cenários econômicos adversos. **Resposta: A**.

Capítulo 9: Investimentos Alternativos

Objetivos de Aprendizado:

1. Apresentar as características e os tipos de investimentos alternativos.
2. Demonstrar o perfil do investidor de investimentos alternativos e a regulamentação brasileira.
3. Compreender os mercados e as plataformas de negociação de investimentos alternativos.
4. Explicar a análise de *performance*, os riscos e os retornos de investimentos alternativos.
5. Discutir as tendências futuras e as perspectivas para investimentos alternativos.

Neste capítulo, vamos introduzir o conceito de Investimentos Alternativos, com foco especial no mercado brasileiro, mostrando sua diversidade, desde *hedge funds* e capital privado até imóveis, infraestrutura e recursos naturais. Abordaremos a crescente importância dos ativos digitais e itens colecionáveis como opções de investimento. Cada categoria possui características únicas, como liquidez, volatilidade e potencial de diversificação de portfólio. Enquanto algumas delas são mais conhecidas, como *hedge funds* e imóveis, outras, como investimentos em infraestrutura, recursos naturais e ativos digitais, estão ganhando espaço com o crescimento do conceito de *fintech* que abordaremos no último capítulo deste livro.

É importante ressaltar que *commodities*, apesar de terem características de investimento alternativo, serão exploradas em detalhes no próximo capítulo de derivativos, pois a negociação destes ocorre via contratos futuros. Vamos analisar o perfil do investidor para cada categoria de investimento alternativo, considerando as regulamentações, mais especificamente as exigidas pela CVM, pois no contexto regulatório brasileiro é definido quem pode investir em determinados veículos de investimento alternativo, garantindo a proteção dos investidores e a integridade do mercado financeiro.

Exploraremos como os investimentos alternativos são negociados no Brasil, destacando os ambientes de mercado, como a B3, alguns ativos digitais e imóveis, e plataformas privadas para fundos e infraestrutura. Mencionaremos a crescente importância das plataformas digitais para o acesso a recursos naturais e a itens colecionáveis. Entender quem são os principais compradores desses investimentos, os volumes de negociação e as particularidades do mercado brasileiro também será abordado neste capítulo. Em seguida, vamos avaliar a *performance* histórica, o perfil de risco e as expectativas de retorno dos investimentos alternativos, comparando-os com investimentos mais tradicionais.

Destacaremos o papel da diversificação de portfólio oferecida pelos investimentos alternativos, com atenção aos riscos envolvidos e seu impacto nas diferentes categorias de investimentos alternativos. Por fim, discutiremos as tendências emergentes e o futuro dos investimentos alternativos globalmente e no Brasil. Isso inclui o papel da inovação tecnológica, mudanças no cenário regulatório e o crescente interesse em sustentabilidade e impacto social. Examinaremos como essas tendências afetam o mercado brasileiro de investimentos alternativos, incluindo expectativas de crescimento, desafios específicos e oportunidades para investidores e gestores de fundos no Brasil.

O objetivo deste capítulo é fornecer uma visão abrangente dos investimentos alternativos, abordando desde suas características fundamentais até as tendências futuras, com foco no contexto brasileiro.

9.1. Características e Tipos de Investimentos Alternativos

Nos capítulos anteriores discutimos os chamados investimentos tradicionais, tais como títulos e ações, porém, investir é uma jornada que pode ser trilhada por diferentes caminhos. Investimentos alternativos e derivativos são exemplos de categorias de investimento que podem ser agregados em um portfólio para aumentar retornos e/ou minimizar riscos.

Vamos apresentar as principais categorias desses investimentos, oferecendo uma visão das características únicas de cada uma. Para fins de compreensão mais abrangente, iremos dividi-los nas seguintes categorias: *hedge funds*, *private equity*, imóveis, infraestrutura e recursos naturais, entre outros, tais como ativos digitais e itens colecionáveis. O objetivo é fornecer uma compreensão básica dessas opções de investimento para aqueles que estão começando a explorar esse universo fascinante.

• *Private Funds* – **Fundos Privados**

Private funds são tipos de investimento não negociados em bolsas, que reúnem capital de investidores institucionais e individuais para investir em uma variedade de ativos, estratégias e classes de ativos, geralmente fora do escopo dos investimentos tradicionais disponíveis ao público em geral. As três principais categorias são: *hedge funds, private equity* e *venture capital*.

Os *hedge funds* são tipos de investimento privado que buscam gerar retornos para os investidores por meio de uma variedade de estratégias, muitas vezes envolvendo alavancagem e derivativos para amplificar retornos. Uma característica marcante dos *hedge funds* é sua flexibilidade em relação às estratégias de investimento. Eles podem se envolver em operações de longo e curto prazos, investir em uma variedade de ativos, como ações, títulos, moedas, *commodities*, imóveis, além de adotar estratégias macroeconômicas, de arbitragem, de eventos e muitas outras. O volume de Ativos sob Gestão (AUM)[17] em *hedge funds* pode variar significativamente ao longo do tempo e entre diferentes gestoras de fundos.

AUM é uma métrica importante para avaliar o tamanho e o alcance de uma gestora de *hedge funds*, porém é difícil fornecer um número exato devido à natureza dinâmica do mercado e à falta de uma fonte centralizada de dados em tempo real. De acordo com relatórios e estimativas de diferentes fontes, tais como bancos de dados, índices, publicações financeiras e *sites* especializados, o volume global de AUM em *hedge funds* passa de um trilhão de dólares americanos nos últimos anos. No entanto, é importante observar que esses números podem variar de acordo com o momento específico e as condições do mercado e, também, pela falta de transparência na divulgação dos resultados.

Muitos *hedge funds* cometem vieses no cálculo dos retornos, como *backfill bias* e *survivorship bias*,[18] o que distorce a transparência dos retornos divulgados. Apesar de os dados sobre *hedge*

---

[17] AUM é uma métrica que o mercado financeiro usa para medir o volume de ativos gerenciados por um fundo.

[18] *Backfill bias* refere-se à prática de incluir dados históricos de um fundo que não estavam disponíveis quando ele foi instituído. O *backfill* pode distorcer a percepção do desempenho real do fundo, especialmente se houver viés na seleção dos dados adicionados. *Survivorship bias*, ou viés de sobrevivência, ocorre quando apenas os dados de fundos que sobreviveram até o presente são considerados em uma análise, sendo que os que falharam ou foram fechados não são incluídos na amostra. Esse viés pode levar a uma superestimação do desempenho médio dos fundos.

funds serem frequentemente disponibilizados, essas informações podem ser agregadas e não específicas o suficiente para fornecer uma imagem completa do tamanho do mercado de *hedge funds*.

Hedge funds também são conhecidos por sua relativa falta de regulamentação em comparação com os fundos de investimento tradicionais, o que oferece aos gestores maior liberdade para buscar retornos. No entanto, essa liberdade vem com outros tipos de riscos, pois inclui maior volatilidade e menor transparência. Além disso, os *hedge funds* geralmente têm altos requisitos de investimento mínimo e podem ter períodos de resgate mais longos em comparação com outros veículos de investimento.

Para investidores em busca de diversificação, os *hedge funds* podem ser uma opção atraente devido à sua baixa correlação com os mercados tradicionais de ações e títulos.

É importante reconhecer que os *hedge funds* não são adequados para todos os investidores devido aos seus riscos específicos e à natureza complexa de suas estratégias. Geralmente, o valor mínimo a ser investido e o perfil do investidor são fatores limitantes no número de investidores em *hedge funds*. Atualmente, os maiores *hedge funds* do mundo em AUM são o americano Brigewater Associates, com quase 100 bilhões de dólares em AUM, e o inglês Man Group, com quase 70 bilhões em AUM, dados de 2023.

Quadro 9.1 – Possíveis estratégias usadas em *Hedge Funds*.

Estratégia	Objetivo da Estratégia
Event Driven	Lucrar com eventos corporativos, como fusões, aquisições, reestruturações, *spin-offs* e eventos de liquidação.
Long/Short Equity	Buscar retornos investindo em ações que se espera que subam (posições longas) e vendendo ações que se espera que caiam (posições curtas).

Estratégia	Objetivo da Estratégia
Global Macro	Lucrar com grandes movimentos macroeconômicos, como mudanças nas taxas de juros, políticas governamentais e eventos geopolíticos.
Distressed Debt	Investir em títulos de dívida de empresas com problemas financeiros, com o objetivo de lucrar com a recuperação ou reestruturação dessas empresas.

O *private equity* é outra categoria de investimento alternativo que atrai a atenção de investidores em busca de retornos potencialmente mais altos em comparação com os investimentos tradicionais. Os fundos de *private equity* levantam capital de investidores para adquirir participações em empresas privadas ou realizar operações de reestruturação, visando aumentar o valor dessas empresas ao longo do tempo, com a intenção de vendê-las por um valor mais alto, gerando, portanto, o retorno para os investidores do fundo.

O AUM em *private equity* pode variar significativamente de acordo com o tempo e as condições do mercado, bem como o desempenho de fundos individuais. O volume total de AUM em *private equity* está acima de 15 trilhões de dólares americanos (dados de 2023). Porém, esse número pode aumentar ou diminuir ao longo do tempo devido a fatores como captação de fundos, distribuições para investidores e valorização de ativos. Os principais fundos de *private equity* hoje são Black Rock, Blackstone Group, KKR (Kohlberg Kravis Roberts) e AGM (Apollo Global Management).

A BlackRock tem significante participação acionária na Alphabet (NASDAQ: GOOG), na Apple (NASDAQ: AAPL) e na Microsoft (NASDAQ: MSFT). Já o Blackstone Group, que opera mais com *private equity*, tem participação acionária de empresas em vários setores, como os Hotéis Hilton, a *designer* Versace e o aplicativo de namoros Bumble. Em 2022, só a BlackRock tinha AUM no valor de 10 trilhões de dólares, quase 10 vezes mais do que o PIB do Brasil naquele ano.

Private Equity funds de outros países também têm expressão mundial devido ao AUM que geram, como, por exemplo, o ICICI da Índia, com AUM de 1.65 bilhões de dólares, e o Hillhouse da China, com AUM de 75 bilhões de dólares. No Brasil, a 3G, que investe em empresas como AMBEV e Burger King, tem AUM no valor de 160 bilhões de dólares.

Algumas das características distintivas do *private equity* são o horizonte de investimento de longo prazo e o perfil dos investidores, geralmente institucionais, como Fundos de Pensão, Fundações e até Universidades. Gestores de *private equity* geralmente adotam uma abordagem de "compra, melhoria e venda", para aumentar a eficiência operacional, expandir o negócio e, eventualmente, sair do investimento com lucro. Esse processo pode levar anos, exigindo um compromisso substancial de capital e paciência por parte dos investidores. Os investimentos em *private equity* geralmente oferecem retornos potencialmente significativos, mas também apresentam riscos consideráveis e *fees* maiores do que os investimentos em *hedge fund*.

A falta de liquidez é mais acentuada nesses investimentos, pois investidores podem ficar sem a possibilidade para resgatar seus recursos por longos períodos, o chamado *lockdown period*. Além disso, o sucesso de um *private equity* depende da habilidade dos gestores em identificar oportunidades de investimento lucrativas e implementar estratégias eficazes de criação de valor. Para investidores dispostos a assumir esses riscos, *private equity* pode ser uma forma eficiente de diversificar um portfólio e acessar oportunidades de investimento exclusivas que não estão disponíveis nos mercados públicos de ações e títulos.

É importante notar que a maioria dos fundos de *private equity* usam o método de LBO (*Leverage BuyOut*), quando a compra de investimento do fundo (uma empresa por exemplo) é adquirida usando alto grau de alavancagem. Uma transação estilo LBO carrega riscos significativos devido à alta alavancagem financeira, o que pode aumentar a exposição a mudanças econômicas e financeiras, e pressionar a empresa adquirida com o pagamento de dívidas. Se a empresa comprada não trouxer lucratividade, ela pode ir à falência para quitar a dívida de alavancagem. Por isso, é importante realizar uma diligência cuidadosa para entender completamente os riscos associados a esse tipo de investimento.

Um exemplo notável de um LBO que enfrentou problemas sociais e econômicos é o caso da aquisição da empresa de brinquedos americana Toys 'R' Us, em 2005. Ela foi adquirida por um consórcio de investidores em um LBO de cerca de US$ 6,6 bilhões. Devido ao endividamento resultante do LBO, a competição crescente de varejistas *online* e mudanças nas preferências dos consumidores levaram a empresa a declarar falência em setembro de 2017, resultando no fechamento de centenas de lojas e na demissão de milhares de funcionários. Esse caso ilustra como um LBO malsucedido pode ter impactos negativos não apenas na empresa adquirida, mas também em seus funcionários, clientes e comunidades locais.

A alta alavancagem financeira e a pressão por retornos rápidos podem levar a decisões de gestão de curto prazo em detrimento da sustentabilidade de longo prazo da empresa, resultando em consequências sociais e econômicas adversas. As Lojas Americanas no Brasil são um exemplo de uma empresa que experimentou um LBO que trouxe consequências significativas. Em 1995, as Lojas Americanas foram adquiridas por um consórcio de investidores liderado pelo Banco Garantia em um LBO de aproximadamente US$ 370 milhões. Após a aquisição, a empresa enfrentou desafios financeiros devido ao alto nível de alavancagem resultante do LBO, bem como às mudanças nas condições econômicas e competitivas do mercado brasileiro, e não trouxe o retorno esperado pelos investidores.

Já os *Venture Capital Funds*, ou Fundos de Capital de Risco, são tipos de investimento especializados que fornecem financiamento inicial e de crescimento para empresas emergentes e *startups* com alto potencial de crescimento. Esses fundos investem em empresas em estágio inicial e ajudando a impulsionar seu crescimento por meio de capital, orientação e conexões.

Os estágios de investimento em *startups* pelo *Venture Capital Funds* podem variar, desde o estágio inicial (*seed stage*) até o estágio de crescimento (*growth stage*). No estágio inicial, os fundos fornecem capital para financiar o desenvolvimento inicial do produto, a pesquisa de mercado e a formação da equipe fundadora. Conforme a empresa cresce e demonstra participação no mercado, os fundos podem continuar investindo em rodadas de financiamento subsequentes para apoiar a expansão do negócio, a aquisição de clientes e o desenvolvimento de novos produtos ou serviços.

Além do capital financeiro, os *Venture Capital Funds* também oferecem suporte estratégico e operacional às empresas investidas. Isso pode incluir orientação na definição de estratégias de crescimento, conexões com potenciais clientes e parceiros de negócios, recrutamento de talentos e acesso a recursos adicionais, como mentoria e treinamento.

Os principais riscos associados ao investimento de *Venture Capital* incluem a alta probabilidade de falha das *startups* investidas devido à natureza incerta e volátil do mercado, a diluição do valor do investimento por causa de rodadas subsequentes de financiamento e a falta de liquidez, uma vez que os retornos podem levar anos para se realizar, ou podem não acontecer caso a empresa não tenha sucesso. No mercado brasileiro, os *Venture Capital Funds* são cada vez mais importantes no apoio ao sistema empreendedor e na promoção da inovação e do crescimento econômico.

Nos últimos anos, o Brasil apresentou um aumento significativo no número de fundos de *venture capital* e no volume de investimentos em *startups*. No mercado brasileiro, esses fundos têm sido muito significativos na promoção da inovação e no estímulo ao crescimento econômico. Os investidores de *venture capital* precisam estar cientes desses riscos e realizar uma *due diligence* rigorosa antes de efetuar investimentos. Além disso, é crucial que o ambiente regulatório e de investimento continue a evoluir para sustentar o crescimento saudável do mercado de *venture capital* no Brasil.

- **Imóveis**

O investimento em imóveis é uma das formas mais antigas e tradicionais de investimento alternativo. Os investidores podem investir de forma direta adquirindo propriedades comerciais ou residenciais, terrenos ou de forma indireta como adquirir quotas em fundos imobiliários. Uma das principais vantagens desse tipo de investimento é sua capacidade de fornecer fluxos de caixa estáveis e previsíveis por meio de aluguéis. Os imóveis tendem a ser menos voláteis do que muitos outros ativos, proporcionando uma proteção contra a inflação e uma fonte potencial de diversificação para um portfólio.

Os investimentos imobiliários também apresentam custos e riscos diferentes dos investimentos em ativos tradicionais. O capital inicial para adquirir propriedades junto as despesas operacionais do imóvel, como manutenção, despesas cartorárias, impostos e seguros exige valores significativos. A liquidez dos investimentos imobiliários tende a ser baixa, pois geralmente é muito difícil vender uma propriedade rapidamente quando necessário.

Para investidores interessados em diversificar seu portfólio e acessar os benefícios únicos dos investimentos imobiliários de forma indireta, existem várias opções disponíveis. Eles também podem investir em fundos de investimento imobiliário (REITs),[19] que oferecem exposição ao mercado imobiliário por meio de ações negociadas em bolsa, ou em fundos imobiliários via *private equity*, que fazem parte dos fundos privados descritos no começo deste capítulo.

No mercado brasileiro, são conhecidos como Fundos de Investimento Imobiliário (FIIs). Eles operam com a mesma lógica dos REITs, permitindo que investidores individuais possam investir em grandes projetos imobiliários e receber rendimentos proporcionais, como aluguéis e ganhos de capital, distribuídos na forma de dividendos. Os FIIs são negociados em bolsa e são uma forma popular de investir no setor imobiliário sem a necessidade de adquirir diretamente os imóveis. REITs são significativos no mercado global com uma presença particularmente forte na América do Norte, que representa 57% da capitalização de mercado global. Investidores sofisticados, incluindo grandes empresas de tecnologia e investidores individuais, têm mostrado crescente interesse em REITs.

---

[19] REITs são investimentos em fundos imobiliários com características distintas. São negociados em bolsas de valores, exibem liquidez e vantagens de imposto, pois a distribuição é feita de forma diferente do pagamento de dividendos de uma ação, por exemplo.

Quadro 9.2 – Investimentos em mercado imobiliário.

Tipo	Exemplos	Prós	Contras
Direto	Compra de imóveis para locação ou revenda.	Controle total sobre o imóvel, potencial de valorização do bem, renda passiva por meio de aluguéis	Alto custo inicial, riscos associados à propriedade física, gestão ativa do imóvel necessária
Indireto	FIIs, REITs	Liquidez mais alta, diversificação do investimento, gestão profissional	Volatilidade dos preços das cotas, taxas de administração e gestão, menor controle sobre os ativos específicos

• **Infraestrutura e Recursos Naturais**

Os investimentos em infraestrutura e recursos naturais envolvem a aquisição de ativos relacionados à infraestrutura, como estradas, pontes, portos e redes de energia, bem como a exploração e produção de recursos naturais, como petróleo, gás, metais preciosos e minerais.

Uma das principais razões pelas quais os investidores são atraídos para esses tipos de investimento é a sua capacidade de gerar fluxos de caixa estáveis e previsíveis ao longo do tempo. Os ativos de infraestrutura, como rodovias e redes de energia, muitas vezes geram receitas por meio de pedágios, tarifas e contratos de concessão de longo prazo. Da mesma forma, os investimentos em recursos naturais podem proporcionar retornos substanciais por meio da exploração e produção de recursos valiosos.

Os investimentos em infraestrutura e recursos naturais também apresentam alto custo e riscos únicos. Eles geralmente exigem um investimento inicial significativo para adquirir ou desenvolver ativos e podem estar sujeitos a riscos operacionais, regulatórios e ambientais. Para investidores que interessados nesses setores, existem várias opções disponíveis. Além de investir diretamente em projetos ou ativos, também é possível participar por meio de fundos de investimento especializados em infraestrutura e recursos naturais, que oferecem exposição diversificada a uma variedade de ativos e estratégias.

O mercado de investimentos em infraestrutura e recursos naturais no Brasil é bastante dinâmico e tem mostrado crescimento. O país necessita de investimentos significativos em infraestrutura, com estimativas de que são necessários cerca de R$ 284,4 bilhões por ano até 2031 para solucionar gargalos, principalmente nos setores de transportes, logística e saneamento, que são vitais para o crescimento econômico do país.

O Programa de Parcerias de Investimentos (PPI) tem sido fundamental para ampliar a interação entre o Estado e a iniciativa privada, visando acelerar a implementação de obras de infraestrutura.

Em relação a recursos naturais e energia renovável, o Brasil é um grande produtor de energia limpa, sendo o segundo maior gerador de energia hidrelétrica e o segundo maior produtor de biocombustíveis após os EUA. Aproximadamente 84% da eletricidade do Brasil é gerada a partir de fontes renováveis, bem acima da média mundial de 38%. Isso tem contribuído para atrair investimento estrangeiro direto, com o país sendo um dos maiores destinos de investimento estrangeiro direto (IED) na América Latina.

Investimentos substanciais estão sendo direcionados para modernizar o setor portuário e outros segmentos de infraestrutura, como rodovias, ferrovias e aeroportos. Esses ativos podem corresponder melhor à estrutura de responsabilidades a longo prazo de certos investidores, tais como fundos de pensões, regimes de pensões e companhias de seguros de vida.

Quadro 9.3 – Categorias de investimento em infraestrutura.

Investimentos em infraestrutura econômica			Investimentos em infraestrutura social
Transporte	Informação e comunicação	Ativos de utilidade pública e energia	
Estradas Pontes Aeroportos	Telecomunicação Satélites	Rede elétrica Geração e distribuição de energia Infraestrutura de petróleo e gás	Ativos educacionais Instalações correcionais Edifícios governamentais

Quadro 9.4 – Categorias de investimento em recursos naturais.

	Terra Bruta	Terras Agrícolas	Terras Florestais
Retorno	Especulação sobre valorização	Produtividade, valorização de terra	Crescimento do volume de madeira, valorização da terra
Receita	Venda ou arrendamento	Venda de colheitas, arrendamento	Venda de madeira, licenças de carbono
Valor	Dependente da localização e do desenvolvimento	*Performance* da colheita, preço de mercado	Valor da madeira, políticas ambientais
Riscos	Altamente volátil, risco ambiental	Clima, preço do mercado	Incêndios, pragas, regulamentações
Proprietários	Indivíduos, promotores	Agricultores, investidores	Proprietários privados, empresas

Investimentos em recursos naturais no Brasil cobrem uma ampla gama de setores devido à rica biodiversidade e à vasta gama de recursos naturais disponíveis no país. Os investimentos em terras agrícolas e o aumento da produtividade agrícola são significativos, muitas vezes financiados por investidores estrangeiros e nacionais.

Adicionalmente, o Brasil tem se destacado no desenvolvimento de energias renováveis, principalmente hidrelétrica, eólica e biomassa, refletindo o compromisso com a sustentabilidade e a diversificação da matriz energética. Desafios como logística, infraestrutura e questões ambientais e regulatórias podem impactar esses investimentos, sendo que o desafio é melhorar o ambiente de negócios e atrair mais capital para o setor, como por meio de leilões de concessão e parcerias público-privadas (PPPs).

- **Outros: Ativos Digitais, Itens Colecionáveis e Agronegócio**

Além das categorias tradicionais de investimentos alternativos já apresentadas, existem outras opções emergentes que estão ganhando destaque, como ativos digitais e itens colecionáveis, no caso do Brasil, os investimentos relacionados ao agronegócio.

Os ativos digitais, como criptomoedas e *tokens* digitais, representam uma forma única de investimento que está rapidamente se tornando uma parte importante do cenário financeiro global. Esses ativos oferecem uma série de benefícios, incluindo liquidez instantânea, acesso global e potencial para retornos significativos. No entanto, eles também apresentam riscos únicos, incluindo volatilidade extrema e preocupações regulatórias.

Os itens colecionáveis, como obras de arte, carros clássicos e itens de *memorabilia*, também são tipos de investimento alternativo. Esses ativos têm o potencial de gerar retornos substanciais ao longo do tempo, e muitas vezes têm um apelo emocional para os investidores. No entanto, eles também podem ser altamente ilíquidos e sujeitos a flutuações imprevisíveis no mercado.

É importante notar que, embora essas categorias ofereçam oportunidades desafiantes para investidores, elas também apresentam riscos únicos e podem não ser adequadas para todos os investidores. Como esses mercados ainda são relativamente novos, pode haver uma falta de dados sobre o desempenho de longo prazo e os riscos associados a esses investimentos.

No Brasil, investimentos relacionados ao agronegócio têm se tornado cada vez mais populares, como no caso da Letra de Crédito do Agronegócio (LCA), do Certificado de Recebíveis do Agronegócio (CRA) e da Cédula Rural Pignoratícia. No quadro 9.5. apresentamos um resumo desses tipos de investimentos.

Quadro 9.5 – Investimentos Alternativos no Mercado Brasileiro

Investimento	Explicação	Onde Comprar
LCA	Títulos de renda fixa emitidos por instituições financeiras para financiar o setor agrícola, oferecendo isenção de imposto de renda para pessoas físicas.	Bancos, corretoras de valores
CRA	Títulos de renda fixa lastreados em recebíveis do agronegócio, proporcionando financiamento para empresas do setor ao antecipar recebíveis futuros.	Bancos, corretoras de valores, plataformas *online*
CPR	Títulos de renda fixa similares aos CRAs, mas lastreados em recebíveis de produtos agropecuários, permitindo a antecipação de recebíveis para produtores rurais.	Bancos, corretoras de valores, plataformas *online*

Esse quadro fornece uma visão mais abrangente dos investimentos alternativos disponíveis no mercado brasileiro, incluindo onde eles podem ser adquiridos.

9.2. Perfil do Investidor de Investimentos Alternativos e a Regulamentação Brasileira

Como demonstrado até aqui neste capítulo, no Brasil, o mercado de investimentos alternativos oferece oportunidades diversificadas que vão desde FIPs, FIIs, fundos de investimento em direitos creditórios (FIDCs), até investimentos em *startups*, *commodities*, entre outros.

A CVM regula o acesso a esses investimentos, estabelecendo critérios específicos para definir quem pode investir em determinadas categorias, com foco especial em investidores qualificados e profissionais. Os investidores qualificados possuem mais de R$ 1 milhão em investimentos financeiros e que atestam por escrito sua condição de investidor qualificado. Esse perfil tem acesso a produtos mais sofisticados ou de maior risco, como alguns FIPs, FIDCs não padronizados, e determinados FIIs.

Investidores profissionais são aqueles com mais de R$ 10 milhões em investimentos financeiros ou que atuam profissionalmente no mercado financeiro. Esse grupo tem acesso praticamente irrestrito a todos os tipos de investimentos alternativos disponíveis no mercado, incluindo os mais complexos e arriscados, devido à sua maior capacidade de análise e absorção de risco.

Além dos critérios do mínimo a ser investido, é importante que os investidores tenham um entendimento avançado dos riscos envolvidos e da natureza dos investimentos alternativos. O conhecimento do mercado, a experiência prévia e a capacidade de avaliar estratégias de investimento e riscos associados são fundamentais. O perfil ideal para cada categoria de investimento alternativo no Brasil varia significativamente com base em regulamentações da CVM que visam proteger investidores de riscos inadequados ao seu perfil.

Investidores qualificados e profissionais, devido à sua capacidade de investimento e conhecimento de mercado, têm acesso a um espectro mais amplo de oportunidades de investimento, incluindo aquelas com maior potencial de retorno e risco. No Brasil, os investimentos alternativos são negociados em diferentes ambientes, refletindo a diversificação do mercado. Ativos digitais e imóveis, por exemplo, encontram espaço na B3 para FIIs e em *exchanges* de criptomoedas, além de plataformas dedicadas ao *crowdfunding* imobiliário.

9.3. Mercados e Plataformas de Negociação de Investimentos Alternativos

O capital privado e a infraestrutura são tradicionalmente movimentados por meio de plataformas privadas, como fundos de investimento especializados e o mercado de balcão (OTC), no qual investidores qualificados e institucionais podem participar de ofertas exclusivas.

9.4. Análise da *Performance*, Risco e Retorno de Investimentos Alternativos

A *performance* histórica dos investimentos alternativos no Brasil e no mundo mostra uma procura maior por esses tipos de investimentos. Comparativamente, investimentos alternativos, como FIIs, FIPs e ativos digitais, podem oferecer retornos superiores aos investimentos mais tradicionais (como ações e títulos de dívida), embora com um perfil de risco maior.

No Brasil, FIIs têm se destacado por oferecer rendimentos atraentes derivados de aluguéis e valorização de propriedades, especialmente em cenários de baixa taxa de juros, tornando-os populares entre investidores em busca de renda passiva. A diversificação proporcionada pelos investimentos alternativos é particularmente valiosa no mercado brasileiro, marcado por ciclos econômicos voláteis e taxas de juros que influenciam diretamente o desempenho de diferentes classes de ativos.

Investidores que incluem alternativas em seus portfólios podem não apenas buscar retornos mais elevados, mas também reduzir o risco global por meio da dispersão de exposições. Entretanto, é preciso entender que os investimentos alternativos demandam uma avaliação cuidadosa do perfil de risco e das expectativas de retorno do investidor.

Exemplo 9.1. Retorno de Investimos Alternativos

Você é um gestor e está analisando a *performance*, o risco e o retorno de um portfólio composto inicialmente por ações e títulos de renda fixa. Posteriormente, você adiciona um investimento alternativo. Use os dados a seguir apresentados para analisar a *performance* do portfólio antes e depois da adição do investimento alternativo.

Portfólio Inicial (Ações e Renda Fixa)

Classe de Ativo	Peso no Portfólio	Retorno Médio Anual (%)	Desvio-Padrão Anual (%)
Ações	60%	12	18
Renda Fixa	40%	5	6

Novo Portfólio (Ações, Renda Fixa e Investimento Alternativo)

Classe de Ativo	Peso no Portfólio	Retorno Médio Anual (%)	Desvio-Padrão Anual (%)
Ações	50%	12	18
Renda Fixa	30%	5	6
Investimento Alternativo	20%	10	15

A correlação entre os investimentos alternativos e as ações é 0.2, e entre os investimentos alternativos e a renda fixa é 0.1.

a) Calcule o retorno médio anual do portfólio inicial.

O retorno médio anual do portfólio inicial é calculado ponderando os retornos e os pesos dos ativos:

0.6 x12% + 0.4 x 5% = 9.2%

b) Calcule o retorno médio anual do novo portfólio após a adição do investimento alternativo.

O retorno médio anual do novo portfólio após a adição do investimento alternativo é calculado da mesma forma:

0.5 x 12% + 0.3 x5% + 0.2 x 10% = 9.4%

c) Compare o risco do portfólio inicial com o do novo portfólio. Como a adição do investimento alternativo afetou o risco total do portfólio?

Com o auxílio de um *software* calculamos o desvio-padrão do portfólio antes e depois da adição do investimento alternativo:

Portfólio Inicial: Desvio-padrão anual = 11%

Novo Portfólio: Desvio-padrão anual = 9.5%

A adição do investimento alternativo reduziu o desvio-padrão do portfólio de 11% para 9.5%, indicando uma redução no risco total do portfólio.

d) Explique a vantagem de adicionar um investimento alternativo ao portfólio em termos de diversificação e relação risco-retorno.

A vantagem de adicionar um investimento alternativo reside na diversificação. O investimento alternativo apresenta uma correlação menor com as ações e os títulos existentes, o que significa que seus retornos podem se mover independentemente dos outros ativos no portfólio. Isso reduz o risco total do portfólio além de poder melhorar a relação risco-retorno ao adicionar uma fonte adicional de retorno potencial sem aumentar significativamente o risco total.

9.5. Tendências Futuras e Perspectivas de Investimentos Alternativos

No contexto brasileiro, fatores como a estabilidade econômica, a política fiscal, e as tendências globais devem ser considerados para maximizar o potencial de retorno e mitigar riscos. No mundo, investidores institucionais como fundações e universidades têm optado pela inclusão de investimentos alternativos em seus portfólios. O Modelo Yale, também conhecido como *"Endowment Model"*, é uma estratégia de investimento popularizada pelo fundo de doações da Universidade de Yale, uma das mais prestigiadas universidades do mundo. Esse modelo é caracterizado por uma considerável alocação em investimentos alternativos, diferenciando-se significativamente das abordagens tradicionais de investimento focadas principalmente em ações e títulos.

No Brasil e no mundo o setor de investimentos alternativos está atravessando transformações significativas impulsionadas pela inovação tecnológica, por alterações regulatórias e um foco crescente em sustentabilidade e impacto social. Essas tendências estão remodelando as expectativas de crescimento, apresentando desafios únicos e criando novas oportunidades para investidores e gestores de fundos. A tecnologia *blockchain*, a Inteligência Artificial (IA) e o *big data* estão revolucionando os investimentos alternativos, facilitando o acesso a ativos anteriormente inacessíveis e melhorando a análise e gestão de risco.

No Brasil, a *tokenização* de ativos, incluindo imóveis e obras de arte, está democratizando o acesso a investimentos antes reservados a investidores de grande porte, permitindo a participação de investidores que antes não tinham acesso. Regulações também estão evoluindo para acompanhar o ritmo da inovação tecnológica e proteger os investidores.

Ademais, no Brasil, a CVM tem adaptado suas regras para abranger novas formas de investimentos alternativos e plataformas de *crowdfunding*. O interesse em investimentos que geram não apenas retorno financeiro, mas também benefícios sociais e ambientais, está crescendo. Como explicamos, há uma demanda mundial crescente por investimentos em energia renovável, projetos de infraestrutura sustentável. Isso está levando à criação de fundos de investimento dedicados à sustentabilidade e ao impacto social, oferecendo aos investidores a oportunidade de contribuir para o desenvolvimento sustentável enquanto buscam retornos financeiros.

No Brasil, o mercado de investimentos alternativos está posicionado para crescer, impulsionado pela inovação tecnológica e pelo interesse crescente em sustentabilidade. No entanto, desafios persistem, incluindo a necessidade de uma maior educação financeira para investidores menos experientes, os desafios regulatórios específicos e a necessidade de desenvolver um sistema robusto que suporte a inovação e o crescimento sustentável.

Resumo

Neste capítulo abordamos investimentos alternativos no Brasil e globalmente. Fizemos uma análise do perfil ideal de investidor para diversas categorias, mostramos os mercados nos quais esses investimentos são negociados, a avaliação da *performance* histórica, o perfil de risco e expectativas de retorno, bem como as tendências emergentes e o futuro dos investimentos alternativos, considerando a inovação tecnológica, as mudanças regulatórias e o crescente interesse em sustentabilidade e impacto social.

Destacamos a importância de compreender o perfil de investidor ideal para cada categoria de investimento alternativo, ressaltando a necessidade de conhecimento especializado e a capacidade de absorver riscos associados. Além disso, a diferenciação entre investidores qualificados e profissionais é feita para acessar determinados mercados e produtos financeiros alternativos no Brasil, evidenciando a complexidade e a exclusividade de algumas dessas oportunidades de investimento.

Exploramos os mercados onde os investimentos alternativos são negociados, desde plataformas digitais até ambientes mais tradicionais, destacando como a inovação tecnológica tem facilitado o acesso e a diversificação dos investimentos alternativos.

Comparamos investimentos alternativos com os mais tradicionais, destacando como a diversificação de portfólio oferecida pelos investimentos alternativos pode oferecer uma proteção contra a volatilidade econômica, embora requeira uma compreensão apurada dos riscos envolvidos. Nas tendências emergentes e no futuro dos investimentos alternativos, identificamos o papel crucial da inovação tecnológica, as mudanças no cenário regulatório e a importância crescente da sustentabilidade e do impacto social. Por fim, mencionamos que a inovação tecnológica, a evolução do quadro regulatório para melhor acomodar novas formas de investimento e o crescente apelo dos investimentos com impacto social e ambiental estão configurando um mercado cada vez mais complexo, diversificado e acessível.

Para investidores e gestores de fundos no Brasil, as oportunidades são vastas, desde que estejam preparados para navegar pela complexidade e volatilidade inerentes a esses investimentos.

Questões e Problemas

1. Quais são as principais diferenças entre investidores qualificados e profissionais no Brasil, e como essas distinções determinam o acesso a diferentes categorias de investimentos alternativos?
2. Como a inovação tecnológica, especialmente a *tokenização*, está transformando os mercados de negociação de investimentos alternativos no Brasil, e quais são as principais plataformas utilizadas para esses tipos de investimentos?
3. Como os investimentos alternativos, comparados aos tradicionais, têm se comportado em termos de *performance* histórica e perfil de risco no mercado brasileiro, considerando a volatilidade econômica do país?
4. Quais são as principais tendências emergentes que estão moldando o futuro dos investimentos alternativos globalmente e no Brasil, com foco especial na inovação tecnológica, nas mudanças regulatórias e no interesse em sustentabilidade e impacto social?
5. Considerando as tendências emergentes e as características específicas do mercado brasileiro, quais são os principais desafios e oportunidades para investidores e gestores de fundos no setor de investimentos alternativos no Brasil?
6. Você é um gestor de portfólio e está analisando a *performance* risco e retorno de um portfólio composto inicialmente por ações e títulos de renda fixa. Posteriormente, você adiciona um fundo imobiliário ao portfólio. Use os dados na tabela apresentada para analisar a *performance* do portfólio antes e depois da adição do investimento alternativo, nesse caso, um fundo imobiliário.

Portfólio Inicial (Ações e Renda Fixa):

Classe de Ativo	Peso no Portfólio	Retorno Médio Anual (%)	Desvio-Padrão Anual (%)
Ações	50%	15	18
Renda Fixa	50%	6	6

Novo Portfólio (Ações, Renda Fixa e Fundo Imobiliário):

Classe de Ativo	Peso no Portfólio	Retorno Médio Anual (%)	Desvio-Padrão Anual (%)
Ações	50%	15	18
Renda Fixa	30%	6	6
Investimento Alternativo	20%	10	15

a) Calcule o retorno médio anual do portfólio inicial.

b) Calcule o retorno médio anual do novo portfólio após a adição do investimento alternativo.

c) Se o risco total do portfólio anterior era maior do que o risco total depois da adição do fundo imobiliário no portfólio, explique como a adição do investimento alternativo afetou o risco total do portfólio.

d) Explique a vantagem de adicionar um investimento alternativo ao portfólio em termos de diversificação e relação risco-retorno.

Questões Comentadas – Exames CFA®

1. Which of the following is considered an alternative investment?
A) Sovereign bonds.
B) ETFs.
C) Real estate.

Comentário: Imóveis (*real estate*) são considerados investimentos alternativos, diferenciando-se dos tradicionais, como ações e títulos. Investimentos alternativos incluem uma variedade de ativos não convencionais, como imóveis, *hedge funds* e capital de risco, oferecendo aos investidores a possibilidade de diversificar seus portfólios além dos mercados de ações e obrigações. *Sovereign bonds* são considerados títulos de renda fixa enquanto ETFs fazem parte do mercado de renda variável. **Resposta: C**.

2. Which of the following statements correctly describes the risk-return profile of alternative investments compared to traditional investments?
A) Alternative investments generally offer higher returns and higher liquidity than traditional investments.
B) Alternative investments typically have a higher risk and potentially higher returns, making them suitable for diversifying a portfolio.
C) The risk profile of alternative investments is usually higher than government bonds, but lower than stocks.
Comentário: Investimentos alternativos normalmente apresentam um perfil de risco-retorno mais elevado em comparação aos tradicionais. Isso significa que, embora possam oferecer retornos potencialmente mais altos, eles também carregam um maior risco. Essa característica os torna adequados para a diversificação de um portfólio, pois a adição de investimentos alternativos pode ajudar a espalhar o risco e melhorar o potencial de retorno geral do portfólio. **Resposta: B**.

3. Which of the following accurately represents the typical steps involved in implementing a Leveraged Buyout (LBO)?
A) Identification of a target company, arrangement of financing, acquisition of the target, operational improvements, and exit strategy execution.

B) Execution of an exit strategy, operational improvements, acquisition of the target, arrangement of financing, and identification of a target company.

C) Operational improvements, identification of a target company, execution of an exit strategy, acquisition of the target, and arrangement of financing.

Comentário: Os passos de uma estratégia de *Leveraged Buyout* (LBO) são: identificar uma empresa com bons fluxos de caixa; organizar o dinheiro necessário, usando bastante dívida; adquirir a empresa selecionada; aumentar sua eficiência e lucratividade; vender a empresa. Esses passos mostram o ciclo completo de um LBO, do início ao fim, focando em transformar a empresa e obter retorno. **Resposta: A.**

4. How is the Yale Endowment Model related to alternative investments?

A) It emphasizes investing primarily in fixed income and traditional equity to ensure steady returns.

B) It advocates for a significant allocation to alternative investments to achieve diversification and potentially higher returns.

C) It recommends avoiding alternative investments due to their high risk and complexity.

Comentário: O modelo de *Endowment* da Universidade de Yale é conhecido por sua abordagem inovadora de investimento, que inclui uma alocação significativa em investimentos alternativos, como fundos de *hedge*, capital privado, imóveis e recursos naturais. Essa estratégia busca diversificação além dos mercados tradicionais de ações e obrigações, visando a potencializar retornos ajustados ao risco a longo prazo. A adoção desse modelo por muitos fundos de *endowment* e fundações deve-se ao sucesso do fundo de *endowment* da

Universidade de Yale, que demonstrou resultados impressionantes ao longo dos anos, em parte graças à sua exposição considerável a investimentos alternativos. **Resposta: B**.

5. Which of the following statements best describes a characteristic of hedge funds?
A) Hedge funds typically offer guaranteed and consistent returns.
B) Hedge funds are traditionally low-risk investments.
C) Hedge funds often employ alternative investment strategies and may have a wide range of investment objectives.
Comentário: *Hedge funds* geralmente empregam estratégias de investimento alternativas e podem ter uma ampla variedade de objetivos. Eles não oferecem retornos garantidos ou consistentes e podem ter níveis de risco variados, dependendo das estratégias adotadas. Algumas estratégias comuns de *hedge funds* incluem: *long/short*, arbitragem de fusões e aquisições, eventos, Global Macro e Market Neutral. **Resposta: C**.

Capítulo 10: Derivativos

Objetivos de Aprendizado:

1. Apresentar as classes e os instrumentos derivativos.
2. Demonstrar o perfil do investidor e os requisitos para investir em derivativos.
3. Compreender os mercados de negociação de derivativos.
4. Explicar a análise de *performance*, os riscos e os retornos de derivativos.
5. Discutir as tendências futuras e as perspectivas para o mercado de derivativos.

Neste capítulo, explicaremos os investimentos derivativos, cujos valor e *performance* dependem de um determinado ativo no mercado financeiro, como ações, moedas, títulos e *commodities*. Apresentaremos esses instrumentos financeiros, frequentemente percebidos como complexos, destacando seu papel fundamental nos mercados financeiros modernos. Exploraremos a variedade de derivativos disponíveis e os mercados em que operam, fornecendo uma compreensão sólida de como eles funcionam e são utilizados na prática. Incluiremos uma análise dos tipos de derivativos e mercados, abrangendo desde contratos futuros e opções até instrumentos mais sofisticados como *swaps* e derivativos de crédito. Em seguida, focaremos no perfil e nos requisitos de qualificação dos investidores de derivativos, discutindo quem são e como participam nesse mercado.

Vamos comparar os mercados de derivativos no Brasil e no mundo, destacando as peculiaridades do mercado brasileiro em comparação com o cenário global. Essa análise permitirá aos leitores compreenderem as oportunidades e os desafios únicos enfrentados pelos investidores nos mercados de derivativos, tanto local quanto internacionalmente. Incluiremos a análise de *performance*, riscos e retornos associados aos derivativos, importantes conceitos para as diferentes estratégias de portfólio como *hedge*, especulação ou simplesmente para aumentar a diversificação.

Por fim, discutiremos o futuro e as perspectivas para o mercado de derivativos, com enfoque no Brasil, refletindo sobre as tendências emergentes, as inovações tecnológicas e as mudanças regulatórias que podem moldar o futuro desses mercados. Destacaremos como os derivativos podem continuar a evoluir e desempenhar um papel vital nos mercados financeiros, com especial atenção às implicações para o Brasil. Ao longo deste capítulo, mostraremos como os derivativos não são apenas ferramentas para *traders* sofisticados, mas componentes que oferecem oportunidades e desafios, além de trazerem mais informação e volume para o mercado.

10.1. Classes e Instrumentos de Derivativos

Derivativos são instrumentos financeiros cujos valor e *performance* são derivados de outro ativo, como moedas, ações, *commodities* ou índices. Derivativos, além de proporcionarem uma opção de investimento de risco, como especulação e arbitragem, são amplamente usados para a gestão de riscos. Podemos dividi-los em dois grupos: compromissos futuros, como contratos futuros, *forwards*, FRAs e *swaps*; e reivindicações (*claims*) como opções. A seguir descreveremos cada um desses grupos:

• Compromissos Futuros

Representam acordos feitos hoje, com a promessa (compromisso) de serem honrados no futuro. As três categorias mais importantes desse grupo de derivativos são contratos futuros, contratos *forward* e *swaps*:

a) Contratos futuros são acordos padronizados para comprar ou vender um ativo a um preço fixo em uma data futura. Utilizados em *commodities*, moedas e índices, os contratos futuros são negociados em bolsas regulamentadas, oferecendo liquidez, transparência e eliminação do risco de contraparte (risco de não recebimento). Por exemplo, um agricultor vende um contrato futuro de soja para garantir um preço para sua colheita, protegendo-se contra a queda dos preços.

b) Contratos *forward* são acordos personalizados entre duas partes para comprar ou vender um ativo a um preço fixo, em uma data futura. São contratos de balcão e não negociáveis em bolsa de valores, existindo o risco de contraparte. Uma empresa brasileira com dívidas em euros pode entrar em um contrato *forward* de moeda para fixar a taxa de câmbio futura, minimizando o risco cambial.

c) *Forward rate agreements* (FRAs) são contratos que determinam a taxa de juros a ser aplicada a um depósito nominal, em uma data futura. Uma empresa prevendo uma subida nas taxas de juros pode entrar em um FRA para fixar a taxa de juros atual em um empréstimo futuro.

d) *Swaps* são contratos nos quais duas partes concordam em trocar fluxos de caixa futuros de acordo com condições predefinidas. Esses contratos são utilizados para gerenciamento de riscos, permitindo que as partes envolvidas se protejam contra flutuações em taxas de juros, moedas ou preços de *commodities*. *Swaps* são amplamente empregados para *hedging* (proteção) e especulação, permitindo que investidores e instituições financeiras ajustem sua exposição ao risco de acordo com suas necessidades estratégicas. Por exemplo, um investidor brasileiro deseja financiar uma operação nos Estados Unidos, mas enfrenta altas taxas de juros em dólar. Simultaneamente, um investidor americano busca financiamento no Brasil, mas as taxas em reais são desfavoráveis. Eles decidem realizar um *currency swap*. Esse acordo em forma de *swap* permite que ambos obtenham financiamento na moeda desejada com taxas de juros potencialmente mais favoráveis. Os principais tipos de *swaps* são:

1. *Swap* de Taxa de Juros (*Vanilla Swap*): é uma troca de fluxos de caixa de taxa de juros fixa por taxa variável entre duas partes. Uma empresa com empréstimo de taxa variável pode entrar em um *swap* para receber pagamentos de taxa variável e pagar taxa fixa, protegendo-se contra o aumento das taxas de juros.

2. *Swap* de Moedas (*Currency Swap*): envolve a troca de fluxos de caixa em uma moeda por fluxo de caixa em outra moeda. Duas empresas em países diferentes podem entrar em um *swap* de moedas para se beneficiar de melhores taxas de juros ou para se proteger contra riscos cambiais.

3. *Swap* de Ações (*Equity Swap*): é uma troca de retornos futuros de uma ação ou índice por pagamentos de taxa fixa ou variável. Um investidor prevendo uma diminuição no retorno de uma ação pode trocar o retorno dessa ação por uma taxa fixa de juros, buscando um rendimento mais estável.

• Opções

No mercado financeiro, opções são direitos a pagamentos futuros que dependem da ocorrência de um evento específico ou da satisfação de certas condições. No contexto financeiro, essas reivindicações estão frequentemente associadas a opções e *warrants*, no qual o direito de compra ou venda de um ativo (por exemplo, ações) a um preço predeterminado é exercido somente se certas condições forem atendidas, como o ativo atingir um determinado preço. Portanto, o valor dessas reivindicações é contingente a eventos futuros, tornando seu valor e sua realização incertos até que as condições especificadas se concretizem.

Existem dois tipos básicos de opções e duas maneiras de exercê-la. Uma *call option* (opção de compra) é um contrato derivativo que dá ao comprador o direito, mas não a obrigação, de comprar um ativo subjacente a um preço específico, conhecido como preço de exercício, dentro de um determinado período. O vendedor da opção tem a obrigação de vender o ativo ao comprador, caso este decida exercer a opção.

Imagine que uma ação da empresa X está sendo negociada a R$50 hoje. Um investidor acredita que o preço da ação vai aumentar nos próximos meses e decide comprar uma *call option* com o direito de comprá-la a R$55 em três meses, pagando um prêmio de R$5 pela opção. Se, após três meses a ação da empresa X estiver sendo negociada a R$70, o investidor pode exercer sua opção de compra pelo preço de exercício de R$55, lucrando com a diferença entre o valor de mercado (R$70) e o preço de exercício (R$55), menos o prêmio pago (R$5), tendo um lucro de R$10 por ação.

Caso o preço da ação esteja abaixo de R$55, o investidor não exerce a opção, perdendo apenas o prêmio pago. *Call options* são utilizadas por investidores que esperam uma alta no preço do ativo associado, porém limitando perdas ao valor do prêmio pago.

Uma *put option* (opção de venda) é um tipo de contrato derivativo que confere ao comprador o direito, mas não a obrigação, de vender um ativo subjacente a um preço predeterminado, dentro de um período específico. O vendedor da opção tem a obrigação de comprar o ativo ao preço acordado, caso o comprador decida exercer sua opção.

Se a ação da empresa Y é negociada a R$100 e um investidor prevê que o preço da ação pode cair nos próximos meses, ele pode comprar uma *put option*, dando-lhe o direito de vender a ação a R$90 em três meses, pagando um prêmio de R$4 pela opção. Se após três meses a ação da empresa cair para R$70, o investidor pode exercer sua opção de venda pelo preço de exercício de R$90, obtendo lucro com a diferença entre o preço de exercício (R$90) e o valor de mercado atual (R$70), menos o prêmio pago pela opção (R$5).

Caso o preço da ação esteja acima de R$90, o investidor não exerce a opção perdendo o prêmio pago. As *put options* são uma estratégia utilizada por investidores que antecipam uma queda nos preços dos ativos subjacentes, porém desejam limitar suas perdas ao custo do prêmio pago pela opção. O investidor pode exercer uma *option* de duas maneiras,[20] dependendo do tipo.

As chamadas *American style options* são opções que podem ser exercidas a qualquer momento antes da data de vencimento, oferecendo flexibilidade ao titular da opção. Já as *European style options* só podem ser exercidas em data específica, não permitindo exercício antecipado. Existem opções de curto prazo, como um mês, e de longo prazo, como os LEAP (*Long-Term*

---

[20] Existe uma terceira maneira, chamada "Bermuda Options", que combina características das opções American e European. São opções que podem ser exercidas em diferentes datas durante a vida do contrato e não apenas no vencimento.

Equity Anticipation Securities), que podem expirar após dois anos ou mais. Outro exemplo seriam os *Warranties*, que têm um prazo de exercício de vários anos.

Exemplo 10.1. Classes e Instrumentos de Derivativos

a) Contrato Futuro (*Future Contract*)

Suponha que um investidor compra um contrato futuro de petróleo bruto com as seguintes características:
- Valor inicial do *underlying* (*spot price*): $50 por barril
- Taxa livre de risco (*risk-free rate*): 2%
- Preço futuro negociado* no início do contrato = 50 x (1+2%) = $51
- Preço futuro real: $55 por barril

1) Calcule o retorno do investidor que comprou o contrato:

Para um contrato de 1.000 barris, o retorno seria:

(Preço Real – Preço Negociado) x Quantidade = (55-51) x 1.000 = $4.000

*Note que o preço negociado segue o chamado *carry model*, que assume o valor futuro do contrato será igual ao *spot price* acrescido da taxa de juros sem risco.

b) *Swap*

Um *Vanilla Swap*[21] de taxa de juros com as seguintes condições:
- Valor Nominal do *swap*: $1.000.000
- Maturidade: 2 anos
- Recebedor da Taxa Fixa: 3%
- Recebedor de Taxa Variável (LIBOR): Ano 1: 2.5%, Ano 2: 3%

---

[21] *Vanilla SWAP* ou *RECEIVER/PAYER SWAP*, pois, nesse contrato swap, o RECEBEDOR da taxa fixa, PAGA juros variáveis, e o RECEBEDOR da taxa variável, que PAGA a taxa fixa em datas predeterminadas. Apenas o valor líquido (net amount) é pago por uma das partes.

- Recebimentos/Pagamentos de Juros: Anual

1) Calcule o primeiro e o segundo pagamentos/recebimentos de cada parte envolvida neste *swap*:

Juros Fixos (3%)	Ano 1: $1,000,000 * 3% = $30,000 Ano 2: $1,000,000 * 3% = $30,000
Juros Variáveis (LIBOR)	Ano 1: $1,000,000 * 2.5% = $25,000 Ano 2: $1,000,000 * 3% = $30,000
Recebimentos Anuais:	Ano 1: Juros fixos recebe 5,000 **Recebe 30,000 e paga 25,000** Investidor a juros variáveis paga 5,000 **Recebe 25,000 e paga 30,000** Ano 2: Ninguém paga ou recebe porque LIBOR = Juros Fixos

c) Opção de Compra (*Call Option*)

Um investidor compra uma opção de compra (*call option*) sobre ações da ABC *Company*:

- Preço de Exercício (*Strike Price*): $100 por ação
- Preço Atual das Ações (*Spot Price*): $110 por ação
- Número de ações por contrato = 100 ações
- Prêmio Pago pela Opção: $5 por ação

1) Calcule o lucro/prejuízo do investidor desta opção.

Neste caso a opção *call* "está no dinheiro" (i.e., ITM, *in the money*), e o investidor receberá um lucro de:

(Preço Atual – Preço de Exercício) – Prêmio pago = (110 – 100) – 5 = $5 por contrato.

Em um contrato de 100 ações, o ganho seria: 5 x 100 = $500

Estratégias Usando Opções

Além de especulação financeira, existem estratégias de investimento usando opções que permitem que investidores alcancem objetivos variados, como proteção (*hedge*), geração de renda, controle de risco e também especulações mais sofisticadas, como apostar na volatilidade do mercado. As estratégias mais comuns incluem:

a) *Spreads*: são estratégias que envolvem a compra e venda simultânea de opções do mesmo tipo (*call* ou *put*) com diferentes preços de exercício ou datas de vencimento. Um *bull spread* usando *calls* aumenta o potencial de lucro se o mercado subir, enquanto limita as perdas.

b) *Collars*: consiste em comprar uma opção de venda enquanto vende uma opção de compra. Comprando um *put*, um investidor em ações consegue limitar perdas abaixo de um certo preço. Porém, o custo do *put* é financiado com a venda de uma *call option*. Como o investidor acredita em uma queda no preço da ação, a *call* não seria exercida e o prêmio recebido é usado para comprar o *put option*.

c) Exótica: estratégia mais sofisticada que usa tipos de opções diferentes, dependendo do propósito do investimento. Como, por exemplo, as estratégias usando *flying creatures* (criaturas aladas, na tradução livre). Recebem esse nome inspiradas em aves e insetos, devido à sua estrutura que lembra a forma de asas e os corpos destes. Essas estratégias envolvem a combinação de várias opções de compra e/ou venda para criar posições que beneficiam diferentes cenários de mercado, limitando o risco. Algumas dessas estratégias são:

• ***Butterflies***: essa estratégia usa quatro opções com três preços de exercício diferentes. Geralmente, envolve a compra de uma opção no dinheiro (ITM), a venda de duas opções no preço de exercício intermediário e a compra de uma opção fora do dinheiro (OTM). É uma estratégia que se beneficia de uma baixa volatilidade do ativo atrelado.

- **Condors**: envolvem a compra e a venda de quatro opções com diferentes preços de exercício, mas com a mesma data de vencimento. Os *condors* são usados para capitalizar sobre a estabilidade do preço do ativo relacionado, gerando lucro quando há pouca volatilidade.
- **Seagulls**: uma estratégia que combina a compra de uma opção de compra, a venda de uma opção de venda e a venda de outra opção de compra a um preço de exercício mais alto. É usada para proteção contra movimentos adversos do mercado, ao mesmo tempo em que permite alguma participação em potenciais ganhos.

Cada uma dessas "estratégias aladas" tem sua própria combinação de riscos e retornos – e são usadas para diferentes perspectivas de mercado e níveis de tolerância ao risco.

Quadro 10.1 – Estratégias aladas usando opções.

Estratégia	Objetivo	Ganhos/Perdas
Gaivota	Proteção contra movimentos adversos do mercado, permitindo algum ganho.	Gaivota

Capítulo 10: Derivativos

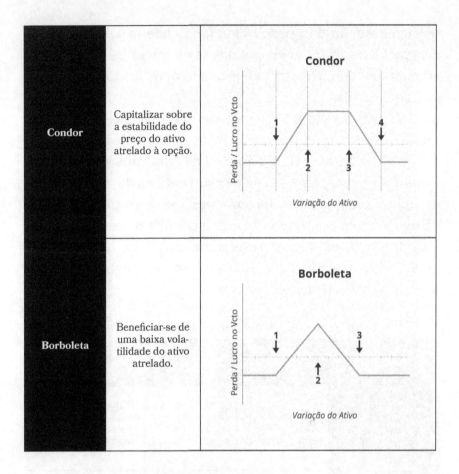

- **Outros Tipos de *Contigent Claims***

Além das opções, existem outros tipos de investimentos na mesma categoria, porém, atrelados ao mercado de crédito. Instrumentos como *Credit Default Swaps* (CDS) e *Swaptions* são muito negociados no mercado financeiro mundial, principalmente após a crise de 2008. O CDS é um contrato derivativo que permite a uma parte transferir o risco de crédito de títulos de dívida para outra, funcionando como um tipo de seguro contra o *default* (calote) do emissor do título.

Um *swaption* é uma opção que confere ao detentor o direito, mas não a obrigação, de entrar em um contrato *swap* em termos predefinidos, permitindo flexibilidade para gerenciar e especular sobre mudanças nas taxas de juros ou moedas, adicionam complexidade, oferecendo mais ferramentas para gestão de risco.

Derivativos são negociados tanto em bolsas regulamentadas, proporcionando transparência e liquidez, quanto no mercado de balcão (OTC), no qual os contratos são personalizados. O mercado global de derivativos é vasto, com trilhões de dólares negociados diariamente. Os contratos futuros e de opções representam uma fatia significativa, evidenciando a profundidade e a importância do setor. No Quadro 10.2 mostramos as principais bolsas mundiais que negociam no mercado de derivativos.

Quadro 10.2 – Contratos futuros e opções.

Categoria	Instrumentos	Objetivos	Riscos
Comprometimentos Futuros	Contratos futuros, Contratos *forward*, FRA, *swap*	*Hedge* contra variações de preço, taxas de juros ou moedas; especulação.	Risco de mercado devido à volatilidade dos preços; risco de contraparte em *forwards* e *swaps*.
Options	*Call*, *put*, *spreads*, *collars*, alados	*Hedge*, especulação, aumento da renda, proteção de portfólio.	Perda limitada ao prêmio pago; potencial de perda ilimitada em certas estratégias de venda.

Esse quadro fornece uma visão geral das categorias de derivativos, os instrumentos específicos dentro de cada uma, seus objetivos de investimento primários e os riscos associados.

10.2. Perfil do Investidor e Requisitos para Investir em Derivativos

O mercado de derivativos, com sua complexidade e potencial de alavancagem, exige um perfil de investidor bem informado, com uma compreensão profunda dos riscos e oportunidades que esses instrumentos financeiros oferecem. As qualificações necessárias e os conhecimentos específicos para operar nesse mercado variam significativamente entre investidores de varejo e institucionais, assim como entre os profissionais que trabalham diretamente com esses instrumentos.

Investidores de varejo e investidores institucionais diferem nos objetivos com relação aos investimentos em derivativos. Enquanto o primeiro grupo tem como objetivo principal a especulação financeira, o segundo está mais alinhado com *hedging* a gerenciamento de risco.

Investidores de varejo tendem a ter menos acesso a recursos, informações detalhadas e capital em comparação com investidores institucionais. Para eles, é crucial possuir uma sólida educação financeira e uma compreensão básica dos derivativos antes de entrar nesse mercado. Isso inclui conhecimento sobre como os derivativos funcionam, os riscos de alavancagem e a capacidade de suportar perdas potenciais.

Já os investidores institucionais, como fundos, seguradoras e bancos, geralmente têm equipes dedicadas com *expertise avançada* em derivativos. Eles utilizam derivativos não apenas para especulação, como é o caso dos *hedge funds*, mas também para estratégias sofisticadas de *hedge*, financiamento e otimização de portfólio.

No contexto internacional, profissionais que trabalham com derivativos frequentemente possuem certificações financeiras reconhecidas, como o CFA® ou o Financial Risk Manager

(FRM). Essas certificações abrangem tópicos avançados em investimentos, análise de risco, gerenciamento de portfólio e derivativos, fornecendo uma base sólida de conhecimento. No Brasil, além da necessidade de profissionais estarem alinhados com as certificações relevantes, é essencial que tenham conhecimento das regulamentações locais que governam o uso de derivativos, as práticas de mercado e a fiscalização exercida pela CVM. Esses conhecimentos garantem que os profissionais operem dentro da legalidade, bem como maximizem as estratégias de derivativos de forma eficaz.

10.3. Mercados de Negociação de Derivativos

Os derivativos são negociados tanto em mercados organizados, como bolsas de valores, quanto no mercado de balcão (OTC). A natureza e a complexidade desses instrumentos variam significativamente entre diferentes jurisdições, refletindo diferenças em liquidez, volume de negociação e regulamentações. No Brasil, a B3 (Brasil, Bolsa, Balcão) é o principal centro para a negociação de derivativos, incluindo futuros, opções sobre ações, índices, entre outros. A B3 oferece um ambiente regulado e transparente, com alta liquidez para uma vasta gama de derivativos. A regulamentação sob a CVM assegura práticas de mercado justas e proteção aos investidores.

Nos Estados Unidos, a Chicago Board Options Exchange (CBOE) é uma das maiores bolsas de derivativos do mundo, especializada em opções sobre ações e índices. Outra importante é a Chicago Mercantile Exchange (CME), focada em futuros e opções em uma variedade de classes de ativos, incluindo *commodities*, moedas e taxas de juros. Esses mercados são regulados pela Commodity Futures Trading Commission (CFTC) e pela SEC, garantindo transparência e integridade.

O OTC permite a negociação de derivativos personalizados, atendendo às necessidades específicas de *hedge*, financiamento e investimento de participantes do mercado. Embora ofereça flexibilidade e personalização, o mercado OTC é menos transparente e apresenta maior risco de contraparte. A regulamentação nesse mercado varia significativamente entre jurisdições, com esforços internacionais, como a implementação de padrões da Basel III, buscando aumentar a transparência e a segurança.

As diferenças regulatórias entre jurisdições impactam significativamente a negociação de derivativos. Enquanto nos EUA e na Europa há uma forte ênfase na transparência de mercado e na redução do risco de contraparte por meio de *clearing* centralizado, no Brasil, a CVM e o BCB focam na adequação dos participantes de mercado e na proteção do investidor. Essas diferenças refletem o ambiente legal e econômico de cada país, assim como suas respectivas abordagens para gerenciamento de risco e inovação financeira.

O volume de negociação e a liquidez dos derivativos variam amplamente entre os mercados. Bolsas como a CME e a CBOE, devido à sua escala e à variedade de instrumentos oferecidos, tendem a ter volumes de negociação elevados, proporcionando alta liquidez. A B3, embora menor em comparação com essas bolsas internacionais, é uma peça central para o mercado de derivativos na América Latina, oferecendo liquidez significativa em futuros de *commodities* e índices, por exemplo.

10.4. Análise de *Performance*, Riscos e Retornos de Derivativos

Os derivativos são instrumentos financeiros versáteis, utilizados para uma ampla gama de objetivos de investimento, principalmente para a mitigação de riscos e especulação. Sua *performance* histórica e os retornos oferecidos variam consideravelmente, dependendo da estratégia adotada, do tipo de derivativo e das condições de mercado.

A principal utilização dos derivativos na mitigação de riscos, ou *hedge*, envolve proteger um portfólio contra movimentos adversos nos preços dos ativos subjacentes. Por exemplo, um produtor de *commodities* pode usar contratos futuros para fixar o preço de venda futuro de sua produção, protegendo-se contra a queda dos preços. Da mesma forma, investidores podem utilizar opções de venda, os chamados *put options*, para limitar as perdas potenciais em suas posições acionárias.

Na especulação, investidores utilizam derivativos para lucrar com a previsão de movimentos de preço dos ativos subjacentes. Devido à alavancagem associada a esses instrumentos, os derivativos permitem um potencial de ganho significativo com um investimento inicial relativamente baixo. No entanto, a mesma alavancagem pode amplificar as perdas, aumentando os riscos. A *performance* dos mercados de derivativos é influenciada por uma variedade de fatores, incluindo condições econômicas, variações nas taxas de juros e mudanças na volatilidade do mercado.

Embora não haja uma única medida de *performance*, devido à diversidade de estratégias e instrumentos disponíveis, os derivativos são cruciais na eficiência dos mercados financeiros e na formação de preços. Com relação aos riscos envolvidos no mercado de derivativos, os mais significativos incluem:

- Risco de contraparte: o risco de que uma das partes no contrato derivativo não cumpra suas obrigações. Esse risco é particularmente relevante no mercado de balcão, no qual os contratos são personalizados e não há uma câmara de compensação para garantir o cumprimento das obrigações.

- Risco de mercado: refere-se à possibilidade de perdas devido a movimentos adversos nos preços do ativo subjacente. A alavancagem associada aos derivativos pode tanto amplificar os retornos quanto as perdas.
- Risco de liquidez: alguns derivativos, especialmente no mercado de balcão, podem ter liquidez limitada, dificultando a entrada ou saída de posições sem afetar significativamente o preço.
- Risco legal e regulatório: mudanças nas leis e regulamentações podem afetar a viabilidade ou o custo de certas estratégias de derivativos.
- Riscos específicos dos instrumentos: são riscos peculiares de cada derivativo, como o **basis risk** nos contratos *forward* e futuros, que se refere ao risco de que o preço do ativo no mercado à vista (*spot price*) e o preço do contrato futuro ou *forward* divirjam. Em contratos de opções os riscos específicos são chamados de "Gregos". **Delta (D)** mede a sensibilidade do preço da opção à mudança no preço do ativo subjacente. **Gama (G)** mede o risco na variação do delta em relação ao preço do ativo subjacente. **Theta (Q)** mede a sensibilidade do preço da opção ao tempo, indicando quanto o valor da opção decai à medida que se aproxima o vencimento. **Vega (V)** mede a sensibilidade do preço da opção à volatilidade do ativo atrelado. **Rho (R)** mede a sensibilidade do preço da opção às mudanças na taxa de juros.

10.5. Tendências Futuras e Perspectivas para o Mercado de Derivativos

As tendências futuras e expectativas para o mercado de derivativos são influenciadas por uma série de fatores, incluindo inovações tecnológicas, mudanças regulatórias e o potencial de crescimento em setores específicos. O mercado brasileiro, com suas particularidades, também desempenha um papel significativo neste cenário global. O crescimento do conceito *fintech*, que iremos apresentar no próximo capítulo, trouxe mais agilidade e inovação no mercado de derivativos.

Espera-se que tecnologias como *blockchain* aumentem a transparência, reduzam os custos de transação, simplifiquem a compensação e a liquidação de derivativos. No Brasil, a adoção dessas inovações pode melhorar a eficiência do mercado e atrair um segmento mais amplo de participantes, especialmente em nichos como derivativos de crédito e *commodities*.

Globalmente, espera-se que o mercado de derivativos continue a enfrentar um ambiente regulatório em evolução, com foco na transparência, na redução do risco de contraparte e no fortalecimento da estabilidade financeira.

No Brasil, a CVM e o BCB têm trabalhado para ajustar as regulamentações, visando alinhar o país às melhores práticas internacionais e fomentar o desenvolvimento do mercado local de derivativos.

Os derivativos de *commodities* devem continuar a crescer, impulsionados pela importância do Brasil como um grande produtor agrícola e minerador. A volatilidade nos preços das *commodities* e a necessidade de *hedge* correspondente alimentam a demanda por esses instrumentos.

O mercado financeiro brasileiro, especialmente no que tange a derivativos, é um dos mais ativos da América Latina, com a B3 ocupando uma posição central nesse mercado. Os derivativos negociados incluem uma ampla gama de instrumentos, como futuros, opções sobre ações e índices, *swaps*, entre outros. Porém, o volume específico do mercado de derivativos no Brasil pode variar significativamente ao longo do tempo, influenciado por fatores como condições econômicas, políticas monetárias, flutuações nos preços de *commodities* e movimentos cambiais.

A CVM publica regularmente dados sobre a atividade de mercado, incluindo volumes de negociação para diferentes tipos de derivativos. Nossa aposta é que a inovação em produtos financeiros derivativos é uma tendência no Brasil. Espera-se que o desenvolvimento de novos produtos que atendam às necessidades específicas dos investidores locais, como derivativos ligados ao mercado do agronegócio, a taxas de câmbio e a ativos ambientais, sociais e de governança (*ESG*).

Com um ambiente econômico em constante mudança, os derivativos de taxas de juros são cruciais para gestores de risco e investidores. No Brasil, a volatilidade da taxa Selic pode incentivar o uso de FRAs, *swaps* e opções de taxa de juros. O mercado de derivativos de crédito, incluindo *credit default swaps*, pode ver um crescimento à medida que os investidores buscam maneiras de gerenciar o risco de crédito. No Brasil, esse segmento pode se expandir com a evolução do mercado de capitais e a diversificação dos instrumentos financeiros.

O Brasil está se posicionando como um mercado emergente dinâmico no cenário global de derivativos. A combinação de um ambiente regulatório em evolução, o desenvolvimento de infraestrutura de mercado e a inovação em produtos colocam o país em uma posição favorável para capturar o crescimento futuro e participar ativamente da inovação global no mercado de derivativos.

Quadro 10.3 – Mercados de derivativos no mundo.

Bolsa de Valores	Local	Volume Negociado	Principais Produtos Derivativos
CME[22]	Chicago, EUA	Maior volume global	Futuros e opções em índices, taxas de juros, moedas, *commodities*

---

[22] A CME engloba a CBOE, porém colocamos separados para diferenciar a negociação em opções dos demais derivativos.

Bolsa de Valores	Local	Volume Negociado	Principais Produtos Derivativos
B3[23]	São Paulo, Brasil	Maior da América Latina	Opções sobre ações, índices, futuros de taxa de juros e de commodities
CBOE	Chicago, EUA	Maior em opções	Opções sobre ações e índices
Shanghai Futures Exchange	Shanghai, China	Maior da Ásia	Futuros de commodities, incluindo metais, energia e produtos agrícolas
Dubai Gold & Commodities Exchange	Dubai, Emirados Árabes Unidos	Destaque no Oriente Médio	Futuros e opções sobre ouro, metais preciosos, moedas, petróleo

Resumo

Ao longo deste capítulo, exploramos diversos aspectos que moldam o universo dos derivativos, incluindo os tipos de instrumentos e mercados, o perfil do investidor, as diferenças entre os mercados brasileiros e os internacionais, a análise de *performance*, riscos, retornos, e as perspectivas futuras do setor, com ênfase no desenvolvimento de novos produtos e serviços financeiros no Brasil.

Começamos por introduzir os tipos de derivativos e os mercados nos quais são negociados, destacando comprometimentos futuros e opções. Mencionamos instrumentos específicos como contratos futuros, *forwards*, FRAs, *swaps* e variados tipos de opções, cada um com seus propósitos e estratégias de investimento.

Prosseguimos discutindo o perfil do investidor e os requisitos de qualificação necessários para operar nesses mercados complexos, enfatizamos que investidores devem ter uma compreensão profunda dos riscos e das oportunidades oferecidas

---

[23] Notando que a B3 não negocia apenas derivativos, como a CBOE. Até 2008, o Brasil tinha a BM&F (Bolsa de Mercadorias & Futuro, hoje incorporada à B3).

pelos derivativos. Além disso, abordamos a importância das certificações, como o CFA® para profissionais que trabalham com derivativos, enfatizando a necessidade de educação contínua e adaptação às mudanças regulatórias.

Mostramos os mercados nos quais se negociam derivativos no Brasil, como a B3, e a importância de mercados internacionais, incluindo a CME e a CBOE, nos EUA. Destacamos as diferenças em termos de volume de negociação, liquidez e regulamentações, e os fatores que influenciam a forma como os derivativos são negociados em diferentes jurisdições.

Na análise sobre *performance*, riscos e retornos, enfatizamos como os derivativos podem ser utilizados tanto para proteção quanto para especulação, mas sempre com um entendimento cuidadoso dos riscos associados, como o risco de contraparte e o risco de mercado. A alavancagem pode ampliar tanto ganhos quanto perdas, o que requer uma gestão de risco meticulosa.

Por fim, projetamos as tendências futuras e as expectativas para o mercado de derivativos, explorando o potencial de inovações tecnológicas como a *blockchain*, as mudanças regulatórias em andamento e o crescimento em setores específicos – *commodities*, taxas de juros e derivativos de crédito. Discutimos também o desenvolvimento de novos produtos e serviços financeiros derivativos no Brasil e como o país está se posicionando no contexto global de inovação e regulação.

Este capítulo buscou oferecer uma visão ampla e profunda sobre os derivativos, destacando sua complexidade, sua versatilidade e o papel crítico que desempenham nos mercados financeiros globais, ao abordar os vários instrumentos, as estratégias e os riscos associados, assim como as tendências futuras. À medida que o mercado continua a evoluir, com novas inovações e desafios regulatórios, a capacidade de se adaptar e entender profundamente esses instrumentos será cada vez mais valiosa para investidores, gestores de fundos e profissionais do setor financeiro, tanto no Brasil quanto no cenário internacional.

Questões e Problemas

1. Qual é o principal centro para a negociação de derivativos no Brasil e quais são alguns dos principais produtos derivativos negociados nesta bolsa?
2. Explique a diferença entre *American style* e *European style options*, mencionando uma característica-chave que distingue um do outro.
3. Quais são os dois principais objetivos para os investidores ao utilizarem derivativos? Descreva brevemente cada um.
4. Identifique e explique um dos riscos associados ao investimento em *swaps*, mencionado anteriormente.
5. Mencione a bolsa de valores que se destaca como a principal bolsa de derivativos no Oriente Médio e cite um dos produtos derivativos negociados nesta bolsa.
6. A seguir temos informações sobre três derivativos. Leia as instruções e responda as questões que seguem:
a) Contrato de Balcão (*Forward Contract*)
Suponha que um investidor compra um contrato *forward* de soja com as seguintes características:
Valor Inicial da soja (*Spot Price*): $15 por *bushel* (aproximadamente 25kg)
Taxa Livre de Risco (*Risk-Free Rate*): 4%
Preço Futuro negociado no início do contrato = 15 x (1 + 4%) = $15,60
Preço Futuro real: $14 por *bushel*
Calcule o retorno do investidor que comprou um contrato de 1.000 *bushels*:

b) Um Vanilla *swap* de taxa de juros com as seguintes condições:
Valor Nominal do *swap*: $1,000,000
Maturidade: 3 anos
Recebedor da Taxa Fixa: 5%
Recebedor de Taxa Variável (LIBOR): Ano 1: 4.5%, Ano 2: 4.9% Ano 3: 6%
Recebimentos/Pagamentos de Juros: Anual
Calcule os três pagamentos/recebimentos de cada parte envolvida neste *swap*:
c) Um investidor compra uma opção de venda (*put option*) sobre ações da XYZ Company:
Preço de Exercício (*Strike Price*): $45 por ação
Preço Atual das Ações (*Spot Price*): $38 por ação
Número de Ações: 100
Prêmio Pago pela Opção: $3 por ação
Calcule o lucro/prejuízo do investidor desta opção de venda:

Questões Comentadas – Exames CFA®

1. What is used for hedging against currency risk?
A) Interest Rate Swaps.
B) Swaption.
C) Forward Contracts.
Comentário: Os contratos a termo (*forward contracts*) são frequentemente utilizados para proteger contra o risco cambial em investimentos internacionais. Esses contratos permitem que os investidores fixem uma taxa de câmbio específica para uma transação futura de moeda estrangeira, protegendo-os contra flutuações adversas nas taxas de câmbio. *Interest rate swaps* são usados para mitigar o risco de taxa de juros, enquanto *swaptions* são uma combinação

de uma opção e um *swap*, dando ao investidor o direito de entrar em um *swap* contrário. *Swaptions* são usadas para mitigar *interest rate risks*. **Resposta: C**.

2. What is a key difference between European and American options?
A) European options can only be exercised on the expiration date, while American options can be exercised at any time before expiration.
B) European options can be exercised at any time prior to expiration, while American options can only be exercised only at the expiration date.
C) European options have longer expiration periods comparados to American options.
Comentário: A diferença fundamental entre opções europeias e opções americanas é o momento em que podem ser exercidas. As primeiras só podem ser exercidas na data de vencimento, enquanto as segundas podem ser exercidas a qualquer momento antes do vencimento. Isso significa que os titulares de opções americanas têm mais flexibilidade para decidir quando exercer suas opções, o que pode afetar significativamente o valor das opções e as estratégias de negociação associadas. **Resposta: A**.

3. What is the primary purpose of the Volatility Index, VIX, in the financial markets?
A) It measures the implied volatility of options on all individual stocks.
B) It measures the implied volatility of options on the S&P 500 index.
C) It measures the realized volatility of the Russell 2000 index.

Comentário: O VIX é conhecido como o "índice do medo" ou o "índice de volatilidade", e é calculado com base nas opções do índice S&P 500. Ele reflete as expectativas do mercado em relação à volatilidade futura do mercado de ações, comumente referido como a "volatilidade implícita". Isso o torna uma medida importante do sentimento do mercado e da percepção dos investidores sobre o risco futuro. O VIX é amplamente usado no mercado de derivativos, sendo o VIX Futures um dos seus instrumentos mais populares.
Resposta: B.

4. What is the primary purpose of a Forward Rate Agreement (FRA) in financial markets?
A) To protect against adverse movements in interest rates.
B) To allow investors to trade on changes in interest rates.
C) To hedge against fluctuations in future interest rates.
Comentário: Um FRA é um contrato entre duas partes para trocar pagamentos em uma data futura, com base em uma taxa de juros acordada antecipadamente. O seu propósito principal é prover proteção contra flutuações nas taxas de juros futuras. **Resposta: C.**

5. What is one of the main advantages of an equity swap over purchasing stocks?
A) It provides a guaranteed positive return.
B) It has low transaction costs.
C) It allows investors to gain exposure to a diversified portfolio of securities without directly owning them.
Comentário: *Equity swap* é um contrato em que duas partes concordam em trocar fluxos de pagamento relacionados a retornos de ações e taxas de juros. Uma das partes compra ação e envia o retorno anual dela a outra parte. Em contra-

partida, aquele que recebeu o retorno da ação paga um valor fixo ao outro. Um dos principais benefícios de um *equity swap* é permitir que os investidores tenham exposição a uma ação (ou carteira de ações) sem ter de comprá-los diretamente. Isso pode ser útil para gestores de fundos e investidores institucionais que desejam diversificar seus portfólios sem ter de comprar cada ativo individualmente. Resposta A está incorreta, pois *equity swaps* não prometem retornos positivos, já que o valor da ação pode cair de um período ao outro. Resposta B está incorreta porque *swaps* geralmente têm um custo de corretagem maior. **Resposta: C**.

Capítulo 11: *Fintech*

Objetivos de Aprendizado:

1. Introduzir o conceito de *fintech*.
2. Demonstrar a importância das *fintechs* no mercado financeiro.
3. Apresentar as aplicações de *fintech* no mercado financeiro.
4. Discutir o papel da tecnologia: *machine learning* e análise de dados no mercado financeiro.
5. Discutir as tendências futuras e as perspectivas para o mercado financeiro com as *fintechs*.

Este capítulo visa introduzir o conceito de *fintech*, explorar seus fundamentos, importância, aplicações, tecnologias envolvidas e tendências futuras, focando em como está redefinindo o panorama do mercado financeiro global.

A revolução digital transformou inúmeros setores ao redor do mundo, e o financeiro está entre os mais impactados. *Fintech*, uma combinação de finanças e tecnologia, é um elemento inovador, oferecendo soluções para aumentar a eficiência e o processamento de informações no mercado financeiro.

Começaremos explicando a essência das *fintechs*, o que elas representam, como surgiram e evoluíram ao longo do tempo. Em seguida, exploraremos as aplicações práticas no mercado financeiro e de investimentos. Discutiremos como plataformas de *crowdfunding, robo-advisors* e outras inovações estão democratizando o acesso aos mercados financeiros, permitindo estratégias de investimento mais inclusivas e personalizadas.

Tecnologia é o elemento-chave para *fintech*; dedicaremos uma parte significativa deste capítulo para entender como a *machine learning*, a análise de dados e outras tecnologias estão sendo aplicadas para a tomada de decisões financeiras. Por fim, vamos examinar as tendências futuras e as expectativas que moldarão o mercado financeiro nas próximas décadas e discutir como *fintech* continuará a ser um elemento de inovação, abordando os desafios e as oportunidades que emergirão à medida que novas tecnologias, regulamentações e comportamentos do mercado acompanhem essa evolução.

11.1. Introdução

Fintech, uma fusão das palavras financeiro e tecnologia, representa uma das evoluções mais significativas no setor nas últimas décadas. O conceito abrange inovações tecnológicas destinadas a aprimorar e facilitar os serviços financeiros tradicionais. Desde aplicativos móveis de pagamento até plataformas de empréstimo e robôs *advisers*, *fintech* está redefinindo o modo como consumidores e empresas acessam e gerenciam capital, seguros, investimentos e outros serviços financeiros.

O escopo das tecnologias e inovações é vasto e em constante evolução. Utiliza avanços em inteligência artificial, *machine learning*, análise de dados, *blockchain*, entre outros, para oferecer serviços mais acessíveis, eficientes e personalizados.

Essas tecnologias permitem, por exemplo, a análise em tempo real de grandes volumes de dados para oferecer produtos financeiros customizados, automatizar processos de decisão de crédito ou oferecer conselhos de investimento personalizados a um custo muito mais baixo do que os métodos tradicionais.

11.2. *Fintech* no Mercado Financeiro

A evolução das *fintechs* tem sido impulsionada por vários fatores. A insatisfação com os serviços bancários tradicionais, a maior penetração da internet e dos *smartphones* e as mudanças regulatórias têm criado um ambiente para o crescimento de mecanismos *fintech*.

A crise financeira de 2008 destacou muitas das ineficiências e falhas do sistema financeiro tradicional, abrindo caminho para alternativas inovadoras focadas na transparência, na eficiência e no cliente.

Diferentemente das instituições financeiras tradicionais, que muitas vezes dependem de infraestruturas antigas e processos burocráticos, empresas do mercado financeiro que adotam *fintech* são ágeis, centradas no usuário e capazes de adaptar-se rapidamente a novas tecnologias e às mudanças no mercado. Elas não usam modelos de negócios tradicionais e podem explorar áreas novas ou ineficientes do mercado.

Empresas que usam *fintech* adotam uma abordagem mais aberta à inovação, colaborando com outras empresas, para criar soluções integradas que melhor atendam às necessidades dos consumidores. A intersecção entre tecnologia e serviços financeiros está mudando não apenas a forma como os serviços financeiros são entregues, mas também quem tem acesso a esses serviços.

Por exemplo, as tecnologias de *blockchain* estão facilitando transferências de dinheiro mais rápidas e menos custosas, enquanto as plataformas de empréstimo estão oferecendo alternativas de crédito para indivíduos e pequenas empresas que tradicionalmente não teriam acesso a empréstimos bancários.

O futuro das *fintechs* promete ainda mais inovação, com tecnologias emergentes como inteligência artificial e *blockchain* continuando a desbloquear novas possibilidades. Estamos entrando em uma era na qual os serviços financeiros serão cada vez mais personalizados, acessíveis e integrados à vida diária dos consumidores de maneiras que eram inimagináveis há apenas uma década.

A capacitação profissional daqueles que trabalham no mercado financeiro torna-se cada vez mais necessária para que possam desempenhar funções que máquinas e robôs não podem. Até então são poucos aqueles que têm títulos de grande expressão no mercado financeiro, como um MBA ou o CFA® Charter, porém, agora, participantes do mercado financeiro estão sendo cobrados a obter maior conhecimento e especialização para participar com a revolução *fintech*.

11.3. Aplicações de *Fintech* no Mercado Financeiro

A ascensão da revolução *fintech* está democratizando o acesso a serviços financeiros, tornando-os mais acessíveis, eficientes e personalizados. Essa transformação está reconfigurando o setor financeiro, afetando desde transações diárias até o planejamento financeiro de longo prazo.

Historicamente, o setor financeiro tem sido caracterizado por barreiras significativas à entrada de investidores com pouco capital ou com pouco conhecimento sobre investimentos. No entanto, a *fintech* está quebrando essas barreiras usando tecnologia para oferecer serviços que são mais fáceis de usar, mais acessíveis e frequentemente mais baratos do que os oferecidos por instituições financeiras tradicionais. Uma grande variedade de serviços, desde aplicativos de pagamento que permitem transferências de dinheiro instantâneas com taxas mínimas, até plataformas de investimento que oferecem aconselhamento personalizado e acesso a mercados globais.

A inclusão financeira foi uma das grandes contribuições que a *fintech* trouxe ao mercado financeiro; em muitas partes do mundo, especialmente em países em desenvolvimento, uma grande proporção da população não tinha acesso a serviços bancários básicos. A *fintech* mudou isso, usando tecnologias como a telefonia celular para oferecer serviços financeiros a pessoas que anteriormente estavam excluídas do sistema financeiro tradicional, criando oportunidades para melhorar o bem-estar econômico e promover o empreendedorismo.

Utilizando dados e algoritmos avançados é possível oferecer produtos e serviços que são adaptados às necessidades e às preferências individuais dos usuários. Isso é particularmente evidente no uso do *robo-advising*, os investidores podem receber recomendações de investimento personalizadas baseadas em seus objetivos, tolerância ao risco e outros fatores únicos e com taxas mais baixas do que as de consultorias de investimento tradicionais.

A eficiência da *fintech*, com muitas delas utilizando automação e processos digitais para acelerar transações financeiras e reduzir custos, também cria um sistema financeiro mais ágil e menos suscetível a erros e fraudes.

A tecnologia *blockchain*, que tem como principal objetivo verificar e registrar transações de investimentos, por exemplo, está oferecendo novas maneiras de realizar transações e armazenar informações financeiras de forma segura e transparente, potencialmente transformando desde pagamentos internacionais até a forma como os ativos são comprados e vendidos.

A *fintech* contribui para a transformação do setor financeiro. Não apenas oferece uma alternativa às instituições financeiras tradicionais, mas também cria oportunidades para mais investidores terem acesso ao mercado financeiro.

No mundo dos investimentos, as *fintechs* estão redefinindo as estratégias de investimento e alterando fundamentalmente o papel do investidor. Plataformas de *crowdfunding*, *robo-advisors* e plataformas de negociação de ações *online* são alguns exemplos de como a tecnologia financeira está democratizando o acesso ao mercado financeiro e criando novas oportunidades para investidores de todos os níveis.

As plataformas de *crowdfunding* permitem que investidores individuais participem diretamente no financiamento de *startups*, projetos imobiliários e projetos empresariais com potencial de crescimento. *Crowdfunding* abriu novos canais de financiamento para empreendedores e empresas, proporcionando aos investidores a oportunidade de diversificar seus portfólios com ativos que tradicionalmente estavam fora do alcance.

Os *robo-advisors* revolucionaram a gestão de investimentos. Utilizando algoritmos sofisticados para analisar o perfil de risco do investidor, o horizonte de tempo e os objetivos financeiros, essas plataformas oferecem recomendações de investimento personalizadas e gestão de portfólio automatizada a uma fração do custo dos consultores financeiros tradicionais.

Além disso, os *robo-advisors* tornaram a gestão de investimentos acessível a um público mais amplo, permitindo que investidores com conhecimento limitado do mercado ou com valores pequenos para investir possam ter acesso a portfólios diversificados e com rendimentos maiores daqueles gerenciados via métodos tradicionais.

Em uma análise de fundos gerenciados pelo tradicional gerente de portfólio e aqueles administrados por robôs, os fundos tradicionais tiveram desempenho inferior aos gerenciados por robôs.

As plataformas de negociação de ações *online* revolucionaram a forma como os investidores compram e vendem ativos.

Por serem fáceis de usar, terem taxas de transação reduzidas e acesso em tempo real a informações de mercado, essas plataformas têm atraído uma nova geração de investidores que prefere uma abordagem mais direta e imediata ao investimento.

Essas plataformas facilitam o acesso ao mercado de ações e oferecem ferramentas avançadas de análise e pesquisa, permitindo que os investidores tomem decisões mais fundamentadas.

É importante notar que essas tecnologias estão mudando não apenas as estratégias de investimento, mas também o perfil do investidor. Com mais ferramentas e informações à disposição, os investidores estão se tornando mais autônomos, sendo capazes de tomar decisões de investimento mais informadas e personalizadas.

11.4. *Machine Learning* e Análise de Dados

É importante relembrar que a revolução *fintech* no mercado financeiro só foi possível porque tecnologias avançadas como *machine learning* (ML) e análise de dados são capazes de aumentar a tomada de decisões financeiras, personalizar serviços e identificar tendências de mercado com mais facilidade e rapidez do que qualquer ser humano.

Machine learning atua na previsão de comportamentos de mercado e na otimização de estratégias de investimento. Por meio da análise de grandes volumes de dados históricos, modelos que usam ML podem identificar padrões e tendências não perceptíveis por um humano ou pelas análises tradicionais. Por exemplo, *robo-advisors* utilizam algoritmos de ML para ajustar as alocações de portfólio em tempo real, baseando-se em mudanças nas condições de mercado e no perfil de risco do investidor, garantindo uma gestão de investimentos personalizada e dinâmica.

A análise de dados é um componente-chave na personalização dos serviços financeiros, utilizando técnicas avançadas de análise para entender melhor as preferências e os comportamentos dos investidores, incluindo desde a recomendação personalizada de produtos de investimento até a oferta de crédito com taxas de juros baseadas no perfil de risco específico do cliente.

Casos de uso específico de ML e análise de dados no setor financeiro incluem a detecção de fraude e a gestão de risco. Algoritmos de ML podem analisar padrões de transações em tempo real para identificar comportamentos suspeitos, reduzindo significativamente o risco de fraude.

O impacto dessas tecnologias no mercado financeiro é revolucionário e, à medida que o aprendizado das máquinas em relação à análise de dados continuarem a evoluir, espera-se que seu papel no setor financeiro se torne ainda mais central, possibilitando inovações e promovendo uma transformação contínua no ecossistema financeiro global.

11.5. Tendências Futuras e as Perspectivas para o Mercado Financeiro com as *Fintechs*

À medida que o crescimento continua, a *fintech* molda o mercado financeiro, as expectativas para o futuro apontam para um sistema financeiro ainda mais inovador, regulado e tecnologicamente avançado.

A inovação em produtos financeiros está se acelerando, com a introdução de soluções como os pagamentos instantâneos. Um exemplo é o PIX, que evidencia essa tendência: nos três primeiros anos de sua utilização atendeu cerca de 160 milhões de usuários e movimentou quase 30 trilhões de Reais.

As regulamentações são fundamentais, à medida que governos e organismos reguladores buscam equilibrar a promoção da inovação com a proteção dos consumidores e a estabilidade do sistema financeiro. A expectativa é de que novas regulamentações abordem questões como a privacidade de dados, a segurança cibernética e a equidade no acesso aos serviços financeiros, criando um ambiente mais seguro e justo para os consumidores e estimulando a confiança nos serviços desempenhados pelas máquinas.

O potencial para novas soluções tecnológicas é imenso. Tecnologias emergentes, como a inteligência artificial, o *blockchain* e a IoT (*Internet of Things* – rede de dispositivos inter-relacionados que se conectam e trocam dados com outros dispositivos), têm o potencial de transformar ainda mais os serviços financeiros. Por exemplo, a *blockchain* promete aumentar a transparência e a eficiência nas transações financeiras, enquanto a inteligência artificial poderia oferecer *insights* mais profundos para a tomada de decisões de investimento e a personalização dos serviços financeiros.

O futuro dos serviços financeiros em um mundo cada vez mais digitalizado e conectado proporciona uma maior integração das tecnologias financeiras no cotidiano das pessoas, assumindo que *fintech* continuará redefinindo as atividades financeiras, oferecendo soluções de forma mais eficaz. A relação entre *fintech* e instituições financeiras tradicionais poderia acelerar a adoção dessas inovações, garantindo que os benefícios da revolução digital no setor financeiro sejam amplamente distribuídos.

O aperfeiçoamento dos serviços financeiros está definindo um futuro de maior eficiência para o mercado financeiro, no qual inovação, regulamentação e tecnologia convergem para criar serviços financeiros mais acessíveis, seguros e personalizados.

Resumo

Ao longo deste capítulo, exploramos o impacto transformador que *fintech* está trazendo para o sistema financeiro global, mencionamos a importância, as aplicações, as inovações tecnológicas e as tendências futuras trazidas pelo avanço da combinação finanças e tecnologia. Discutimos que *fintech* não apenas complementa e auxilia na eficiência do sistema financeiro tradicional, mas está trazendo consideráveis mudanças nos perfis dos participantes do mercado financeiro.

Este capítulo destacou como o advento *fintech* está democratizando o acesso ao mercado financeiro. A implementação de tecnologias avançadas como *machine learning* e análise de dados ajudaram a aprimorar a tomada de decisões financeiras, personalizando serviços, identificando tendências de mercado e otimizando estratégias de investimento.

Discutimos também as expectativas para o futuro do mercado financeiro influenciadas pelo crescimento contínuo de *fintech*, destacando a inovação em produtos financeiros, a busca por regulamentações e o potencial para novas soluções tecnológicas. Esse futuro, cada vez mais digitalizado e conectado, cria um sistema financeiro mais inclusivo, transparente e eficiente, no qual as soluções financeiras são acessíveis a todos, independentemente da localização geográfica ou do *status* econômico.

Em síntese, o panorama descrito neste capítulo ilustra um setor em rápida evolução, no qual *fintech* é a vanguarda da inovação financeira, representando não apenas um desafio às instituições financeiras tradicionais, mas também uma oportunidade para repensar e remodelar o futuro dos serviços financeiros. À medida que essas tecnologias continuam a avançar e a integrar-se mais profundamente em nossas vidas, a capacidade de adaptar-se e responder às necessidades em constante mudança dos consumidores e investidores será fundamental.

Aqueles que desejam entrar no mercado financeiro, entender a importância de *fintech* é essencial. Esse conhecimento prepara os participantes para um mercado financeiro mais dinâmico e contribui para um futuro no qual a tecnologia financeira continuará a quebrar barreiras, trazendo inovações, soluções e inclusões.

Questões e Problemas

1. Como empresas que adotam *fintech* diferem das instituições financeiras tradicionais em termos de operação e oferta de serviços?
2. De que maneira a *fintech* está transformando o setor financeiro em termos de acessibilidade, eficiência e personalização dos serviços financeiros?
3. Como plataformas de *crowdfunding*, *robo-advisors* e plataformas de negociação de ações *online* exemplificam o uso de *fintechs* no mundo dos investimentos, e quais mudanças essas tecnologias estão trazendo para as estratégias de investimento e o papel do investidor?
4. De que forma a utilização de tecnologias como *machine learning* e análise de dados auxiliam na tomada de decisões financeiras e identificação de tendências do mercado?
5. Quais são as previsões para a inovação dos produtos financeiros e de novas regulamentações decorrentes do crescimento na utilização de *fintech* no mercado financeiro?

Questões Comentadas – Exames CFA®

1. What is Distributed Ledger Technology (DLT) primarily known for?
A) Providing a decentralized database system where transactions are recorded across multiple sites.
B) Offering financial advice through automated, robot-driven financial planning services with little to no human supervision.
C) Improving the security of online banking platforms through sophisticated encryption methods.
Comentário: DLT é reconhecida na indústria de *fintech* principalmente por fornecer um sistema de banco de dados descentralizado. Nesse sistema, as transações são registradas em múltiplos locais, países ou instituições simultaneamente, o que ajuda a aumentar a transparência, a segurança e a eficiência das transações financeiras, eliminando a necessidade de uma autoridade central. **Resposta: A**.

2. What is the primary benefit of Non-Fungible Tokens (NFTs)?
A) NFTs offer a secure way to transfer traditional financial assets across markets.
B) NFTs enable shared ownership of physical assets.
C) NFTs provide digital ownership for content like art, music, or collectibles.
Comentário: Os *tokens* não fungíveis (NFTs) proporcionam propriedade digital única e comprovação de origem para conteúdo digital, como arte, música ou colecionáveis. Isso significa que os NFTs garantem a autenticidade e a exclusividade de ativos digitais, permitindo que os criadores e

colecionadores vendam, troquem e colecionem itens digitais únicos de forma segura e transparente. **Resposta: C.**

3. Blockchain technology is foundational to which of the following?
A) The development of robot-advisors.
B) The creation and mining of cryptocurrencies.
C) Enhancing the speed and efficiency of how many is transferred across markets.
Comentário: A tecnologia *blockchain*, um tipo de DLT, é fundamental para a criação, a mineração e a troca de criptomoedas, como o Bitcoin. *Blockchain* permite a existência de um registro descentralizado e seguro de todas as transações, sem a necessidade de uma autoridade central, o que é essencial para a operação e a confiança nas criptomoedas. **Resposta: B**.

4. How does Distributed Ledger Technology (DLT) benefit financial markets?
A) By centralizing all financial data, making it easier for banks to manage risk.
B) By significantly reducing transaction times and costs while enhancing transparency and security in financial operations.
C) By allowing governmental agencies, like the SEC, to monitor and regulate financial transactions.
Comentário: DLT beneficia o setor financeiro ao reduzir significativamente o tempo e os custos das transações, além de aumentar a transparência e a segurança nas operações financeiras. DLT permite o registro compartilhado de informações em uma rede descentralizada, o que elimina a necessidade de intermediários, agiliza o processo de transa-

ções e aumenta a confiabilidade dos registros contribuindo para um sistema financeiro mais eficiente e seguro. **Resposta: B**.

5. What role does fintech play in risk management within the financial institutions?
A) Fintech tools enable real-time monitoring and data analysis, improving risk identification and mitigation strategies.
B) Fintech primarily focuses on automating tasks, which contributes to risk management.
C) Fintech solutions provide the same results as traditional risk management methods, but at a much lower cost.
Comentário: *Fintech* desempenha um papel crucial na gestão de riscos na indústria financeira, permitindo o monitoramento e análise em tempo real de dados de mercado, o que aprimora a identificação e estratégias de mitigação de riscos. Resposta B está incorreta porque *fintech* foca em várias áreas, não apenas automatização de tarefas. Resposta C está incorreta porque *fintech* produz resultados melhores que os métodos tradicionais de gerenciamento de risco e a um custo menor. **Resposta: A**.

Respostas dos Problemas

Capítulo 3

6.

Lucro Líquido

Receita Total – CPV – Despesas Operacionais – Despesas com Juros – Imposto de Renda

R$ 800.000 – R$ 500.000 – R$ 350.000 – R$ 15.000 – R$ 35.000 = - R$ 100.000

Patrimônio Líquido

Ativo Total – Passivo Total

R$ 600.000 – R$ 550.000 = R$ 50.000

Fluxo de Caixa Total

Fluxo de Caixa das Operações + Fluxo de Caixa dos Investimentos + Fluxo de Caixa do Financiamento

-R$ 120.000 – R$ 50.000 + R$ 30.000 = -R$ 140.000

Qual sua opinião sobre a situação financeira desta empresa? A empresa apresenta lucro líquido negativo, um patrimônio líquido baixo e fluxo total de caixa negativo. Aparentemente ela não está em uma situação financeira confortável para manter-se ativa. Se os resultados futuros continuarem sendo negativos o futuro da empresa é incerto, com grande possibilidade de falência.

7.

a) A empresa GHI S.A. apresenta uma boa liquidez (ativo circulante de 60% do ativo total) e uma alavancagem mode-

rada (passivo total de 70% do ativo total). Além disso, a está operando lucrativamente, com um lucro líquido de 20% da receita total.
b) Liquidez Corrente: Ativo Circulante/Passivo Circulante
60% / 30% = 2
Retorno sobre o Patrimônio (ROE): Lucro Líquido/Patrimônio Líquido
Resposta: 20% / 30% = 0.67
Índice de Cobertura de Juros: Lucro Operacional/Despesas com Juros
Resposta: 25% / 5% = 5
c) A situação financeira da GHI S.A. é positiva. A empresa possui boa liquidez, uma alavancagem moderada e está operando de forma lucrativa, o que indica uma sólida capacidade de honrar suas obrigações financeiras e gerar valor para os acionistas.

8.
Além dos dois citados no exemplo do capítulo, informação histórica e valor contábil, outros três desafios que os demonstrativos financeiros podem apresentar são:
1. Manipulação contábil: a empresa pode usar práticas contábeis que inflacionam ou diminuem certos números, tornando a análise menos precisa.
2. Não considerar fatores externos: a análise dos demonstrativos financeiros não leva em conta fatores externos como a concorrência, as regulamentações e condições econômicas gerais.
3. Diferenças na aplicação de normas contábeis: variações na aplicação das normas contábeis podem dificultar comparações diretas com outras empresas ou períodos.

Capítulo 4

6.

O portfólio de XYZ Investimentos apresenta uma combinação de desempenho financeiro e critérios *ESG*:

GreenTech: oferece um retorno sólido de 9% com um P/E de 16, sugerindo uma avaliação equilibrada em relação ao lucro. O ROE de 13% indica boa eficiência em gerar lucro a partir do patrimônio. Com um *ESG* Score de 88, *GreenTech* mostra forte comprometimento com critérios ambientais.

HealthPlus: tem um retorno mais modesto de 7%, com um P/E de 17, indicando uma avaliação razoável. O ROE de 11% é eficiente, embora não tão alto quanto o de *GreenTech*. O *ESG* Score de 92 destaca um compromisso excepcional com critérios sociais.

FinServe: apresenta o menor retorno de 5%, com um P/E de 22, sugerindo uma possível sobrevalorização. O ROE de 9% é o mais baixo, indicando menor eficiência. No entanto, com um *ESG* Score de 75, *FinServe* ainda demonstra um compromisso significativo com critérios de governança.

Em resumo, o portfólio de XYZ Investimentos é diversificado, equilibrando retornos financeiros moderados com altos *ESG* Scores. A empresa está bem posicionada para atrair investidores que valorizam tanto o desempenho financeiro quanto os princípios *ESG*.

Capítulo 5

6.

a) O ativo com o melhor desempenho com relação ao retorno esperado e risco incorrido é a Ação Y. Para a ação X, o retorno por risco incorrido é 0,65 (11/17), da ação B é 0,82 (9/11) e para a ação C é 0,59 (13/22).

b) A relação entre risco e retorno nos dados mostra que, em geral, ativos com maior retorno esperado também apresentam maior risco. Ação X e Ação Z exemplificam essa tendência, na qual um aumento no retorno esperado está associado a um aumento no desvio-padrão.

c) Para um investidor que prefere altos retornos e está disposto a assumir riscos, o ativo mais indicado seria a Ação Z. Apesar de ter o maior desvio-padrão (22%), ele também oferece o maior retorno esperado (13%), alinhando-se com a preferência por maiores retornos mesmo com maior risco.

7.

a) A diversificação pode ajudar a reduzir o risco do portfólio ao combinar ativos com correlações baixas ou negativas. Por exemplo, Ação X e Título W têm uma correlação negativa (-0.3), o que ajuda a diminuir a volatilidade total do portfólio.

b) Para minimizar o risco, a empresa deve combinar Ação X com Título W e Título Z, já que eles têm correlações baixas ou negativas com Ação X. Isso reduz a volatilidade total do portfólio.

c) A correlação de ativos na diversificação do portfólio é crucial porque ativos com baixa ou negativa correlação tendem a se comportar de maneira diferente em diversas condições de mercado. Isso significa que, quando um ativo tem um desempenho ruim, o impacto negativo pode ser mitigado por outro ativo que tenha um desempenho melhor. Assim, a combinação de ativos com diferentes correlações ajuda a reduzir a volatilidade e o risco total do portfólio, promovendo uma melhor estabilidade dos retornos.

8.
a) A combinação de Ação X e Ação Y pode maximizar o retorno esperado para um dado nível de risco ao serem ponderadas de forma que suas variâncias e covariâncias maximizem o retorno, utilizando a fórmula da fronteira eficiente.
b) A inclusão de Ação Z, com correlação baixa em relação **à Ação X (0.2) e à Ação Y (0.5)**, pode melhorar significativamente a diversificação do portfólio e mover a fronteira eficiente, possibilitando maior retorno para o mesmo nível de risco.
c) A correlação entre os ativos afeta a forma da fronteira eficiente, pois ativos com correlações baixas ou negativas contribuem para a redução do risco total do portfólio, permitindo uma diversificação mais eficiente. A fronteira eficiente representa as melhores combinações de risco e retorno possíveis, demonstrando a importância da correlação na construção de um portfólio diversificado.

Capítulo 6

6.
a) Para calcular a média móvel simples (SMA) de 5 dias, some os preços de fechamento dos últimos 5 dias e dividida por 5. Exemplo de cálculo para o dia 6: (52 + 53 + 52 + 54 + 55) / 5 = R$53.2
b) Para calcular o RSI dos últimos 10 dias:
Calcule os ganhos e perdas diários:
Dia 2: (52 − 50) = +2
Dia 3: (53 − 52) = +1
Dia 4: (52 − 53) = -1
Dia 5: (54 − 52) = +2
Dia 6: (55 − 54) = +1

Dia 7: (54 − 55) = −1
Dia 8: (56 − 54) = +2
Dia 9: (57 − 56) = +1
Dia 10: (58 − 57) = +1
Média dos ganhos: (2 + 1 + 2 + 1 + 2 + 1 + 1) / 7 = 1.428
Média das perdas: (1 + 1) / 2 = 1.0
RS = 1.428 / 1.0 = 1.428
RSI = 100 − (100 / (1 + 1.428)) ≈ 59
c) Com base nos cálculos de SMA e RSI, se a SMA estiver em tendência ascendente e o RSI estiver abaixo de 70, pode ser recomendável comprar as ações devido ao potencial de valorização.

7.
a) A "diversificação de portfólio" envolve investir em uma variedade de ativos para reduzir o risco global do portfólio. Isso ajuda Ana a evitar perdas significativas em caso de queda em um setor específico.

b) Ana pode implementar uma "pausa para reflexão" antes de tomar decisões importantes de investimento, permitindo que ela avalie racionalmente a situação e evite reações impulsivas.

Capítulo 7

6.
a) Risco de Preço com Aumento das Taxas de Juros:
Títulos com maturidades menores geralmente experimentam menores quedas nos preços se as taxas de juros aumentarem. Portanto, o Título Z, com maturidade de 8 anos, tem menos risco de preço do que o Título X e o Título Y.

b) Risco de Reinvestimento:
Títulos com cupons mais altos têm menos risco de reinvestimento, pois os pagamentos de cupom recebidos são maiores e podem ser reinvestidos em taxas de juros mais baixas no futuro. Portanto, o Título Y, com um cupom de 5%, tem menos risco de reinvestimento do que o Título X e o Título Z.

c) Risco de Crédito:
Títulos com garantias (*collateral*) tendem a ter menos risco de crédito, pois são apoiados por ativos reais que podem ser recuperados em caso de inadimplência. Portanto, o Título X e o Título Z, com garantias (Sim), têm menos risco de crédito do que o Título Y (Não).

7.

a) Título D tem o maior *G-Spread* de 1.5%, (4.6% − 3.1%). Isso significa que o mercado está exigindo um rendimento maior para investir em título D em comparação com os outros títulos.

b) Título D tem o maior *I-Spread* de 1.3% (4.6% − 3.3%). Isso significa que o título D oferece um prêmio de retorno maior em relação à curva de *swap* em comparação com os outros títulos. Esse prêmio pode ser pelo risco de crédito.

c) Título A parece estar *undervalued* de acordo com o Z Spread de 1.0%. Isso sugere que o título A oferece um prêmio de retorno mais alto em relação à curva de *swap* em comparação com os outros títulos.

d) O título D parece estar *overvalued* de acordo com o Z Spread de 1.5%. Isso sugere que o título D oferece um prêmio de retorno menor em relação à curva de *swap* em comparação com os outros títulos.

8.

Para calcular o risco total do portfólio com a adição de título de renda fixa, podemos usar a fórmula do desvio-padrão de um portfólio de dois ativos:

$$\sigma_p = \sqrt{\omega_a^2 \times \sigma_a^2 + \omega_b^2 \times \sigma_b^2 + 2 \times \omega_a \times \omega_b \times \rho_{ab} \times \sigma_a \times \sigma_b}$$

Substituindo os valores conhecidos na fórmula, obtemos:

$$\sigma_p = \sqrt{(0,6^2 \times 0,12^2) + (0,4^2 \times 0,08^2) + (2 \times 0,6 \times 0,4 \times 0,9 \times 0,12 \times 0,08)}$$

$$\sigma_p = \sqrt{(0,0052) + (0,001) + (0,00415)}$$

$$\sigma_p = \sqrt{0,010355}$$

$$\sigma_p \approx 0,1018 \approx +/-10.2\%$$

Portanto, o risco total do portfólio com a adição de renda fixa é de aproximadamente 10.20%. Comparado ao desvio-padrão inicial de 12% quando o portfólio consistia apenas de título A, podemos observar que a inclusão do título de renda fixa resultou em uma pequena redução no risco total do portfólio, porém não tão significativa pois a correlação entre os ativos era próxima de 100% (+0.9).

Capítulo 8

6.

a) No método *top-down*, o investidor começa com uma análise macroeconômica, observando que o PIB está crescendo moderadamente, com taxas de juros e inflação sob controle. O setor de saúde é identificado como promissor devido aos incentivos governamentais e um crescimento projetado de

8% ao ano. Dentro desse setor, a Empresa E é escolhida por seu crescimento de receita de 10% ao ano, P/L de 22 e ROE de 23%, mostrando como a análise macroeconômica e setorial influencia a seleção de ações.

b) No método *bottom-up*, o investidor foca na análise individual das empresas. A Empresa E, com um crescimento de receita de 10% ao ano, P/L de 22 e ROE de 23%, é a mais atraente devido aos seus fortes fundamentos financeiros. Mesmo sem considerar as condições macroeconômicas, a Empresa E mostra um potencial de crescimento significativo, fazendo dela a escolha preferida.

7.

a) Usando a fórmula $P_0 = \dfrac{D_0(1+g)}{r-g}$

$P_0 = \dfrac{3,00 \times (1+0,05)}{0,12 - 0,05}$

$P_0 = \dfrac{3,15}{0,07}$

$P_0 = 45,00$

b) Usando a fórmula $P_0 = \dfrac{FCF_0(1+g)}{r-g}$

$P_0 = \dfrac{12,00 \times (1+0,05)}{0,12 - 0,05}$

$P_0 = \dfrac{12,60}{0,07}$

$P_0 = 180,00$

c) Usando a fórmula

$Rl = LucroLíquido - (PatrimônioLíquido \times CustodoCapital)$
$Rl_0 = 20 - (150 \times 0,12) = 20 - 18 = 2$

E então o valor presente do lucro residual com crescimento:

$$P_0 = \frac{Rl_0(1+g)}{r-g} + Patrim\hat{o}nioL\acute{i}quido$$

$$P_0 = \frac{2\times(1+0,05)}{0,12-0,05} + 150$$

$$P_0 = \frac{2,10}{0,07} + 150$$

$$P_0 = 30,00 + 150 = 180,00$$

d) Para essas empresas, podem ser utilizados métodos como o *valuation* por múltiplos de mercado (P/E, EV/EBITDA), *valuation* por ativos (NAV) e modelos de opções reais (*Real Options Valuation*).

8.

a)

Ação	Número de Ações	Novo Valor (R$)	Novo Total (R$)	Nova Proporção (%)
A	300	28	8.400	32%
B	200	48	9.600	36,5%
C	150	55	8.250	31,5%
Total	–	–	26.250	100%

Respostas dos Problemas

b)

Ação	Preço (R$)	Número de Ações	Valor Inicial (R$)	Peso Inicial (%)	Preço (R$)	Novo Valor	Novo Peso	Valor-Alvo (33% cada)	Diferença (unidades)	Compra/Venda (unidades)	Novo Número de Ações	Novo Total	Peso Final
A	30	300	9.000	33,33	28	8.400	32,00%	8.750	350	13	313	8.750	33,33
B	45	200	9.000	33,33	48	9.600	36,50%	8.750	-850	-18	182	8.750	33,33
C	60	150	9.000	33,33	55	8.250	31,50%	8.750	500	9	159	8.750	33,33
Total			18.000			26.250						26.250	

c)

Vantagem: diversificação. Um portfólio igualmente balanceado distribui o investimento entre diferentes ativos, reduzindo a exposição a riscos específicos de um único ativo. Isso pode levar a uma menor volatilidade e a uma melhor estabilidade nos retornos.

Desvantagem: potencial de retorno reduzido, pois, ao distribuir igualmente os investimentos, pode-se limitar o potencial de retorno máximo, já que ativos com maior potencial de crescimento podem ter menor representatividade. Isso pode resultar em retornos gerais menores comparados a um portfólio mais agressivo ou concentrado em ativos de maior rendimento. Para maximizar o retorno, o gerente do portfólio deve aumentar os pesos das ações mais promissoras e diminuir o peso nas menos promissoras.

Capítulo 9
6.
a) 50% x 15% + 50% x 6% = 10.5%
b) 50% x 15% + 30% x 6% + 20% x 10% = 11.3%
c) A adição do investimento alternativo reduz o desvio-padrão do portfólio, indicando uma redução no risco total do portfólio. Essa redução no desvio-padrão do portfólio é devido à baixa correlação entre investimentos alternativos e investimentos tradicionais como ações e títulos.

d) Adicionar um investimento alternativo ao portfólio melhora a diversificação. Como o investimento alternativo tem menor correlação com ações e títulos, seus retornos podem variar de forma independente. Isso reduz o risco total do portfólio e melhora a relação risco-retorno, oferecendo uma nova fonte de retorno potencial sem aumentar significativamente o risco.

Capítulo 10
6.

a) (Preço Real − Preço Negociado) x Quantidade = (14 − 15,6) x 1.000 = -$1.600

Nesse caso, o investidor (comprador da soja) perdeu porque apostou que o preço futuro seria maior que 15,60, quando na verdade o preço caiu para $14.

b) Os 3 pagamentos/recebimentos de cada parte envolvida neste *swap*:

    Juros Fixos (3%)
        Ano 1: $1.000.000 * 5% = $50.000
        Ano 2: $1.000.000 * 5% = $50.000
        Ano 3: $1.000.000 * 5% = $50.000

    Juros Variáveis (LIBOR)
        Ano 1: $1.000.000 * 4.5% = $45.000
        Ano 2: $1.000.000 * 4.9% = $49.000
        Ano 3: $1.000.000 * 6% = $60.000

Ano 1: Juros Fixos recebe 5.000
    Recebe 50.000 e paga 45.000
Investidor a juros variáveis paga 5.000
    Recebe 45.000 e paga 50.000

Ano 2: Juros fixos recebe 1.000
    Recebe 50.000 e paga 49.000
Investidor a juros variáveis paga 1.000
    Recebe 49.000 e paga 50.000

Ano 3: Juros Fixos paga 10.000
Recebe 50.000 e paga 60.000
Investidor a juros variáveis recebe 10.000
Recebe 60.000 e paga 50.000

c) Nesse caso, a opção "está no dinheiro" (i.e., ITM, *in the money*), e o investidor receberá um lucro de:

(Preço de Exercício − Preço Atual) − Prêmio pago = (45 − 38) − 3 = $4 por contrato.

Em um contrato de 1.000 ações, o ganho seria: 4 x 100 = $400

Referências

ADVISOR CHANNEL. **Visual Capitalist**. *[S.l.]*, 2024. Disponível em: https://advisor.visualcapitalist.com/. Acesso em: 15 out. 2024.

ALFAREZ, J. A.; TSIMBEROV, S. The Effects of ESG Issues on Investment Decision Through Corporate Reputation: Individual Investors' Perspective. **ResearchGate**, 2023. Disponível em: www.researchgate.net/publication/369536333_The_Effects_of_ESG_issues_on_investment_decision_through_corporate_reputation_Individual_investors'_perspective. Acesso em: 15 out. 2024.

ASSAF NETO, A. **Matemática Financeira**. Edição Universitária. São Paulo: Atlas, 2017.

ASSAF NETO, A. **Mercado Financeiro**. 15. ed. São Paulo: Atlas, 2021.

B3. **Site oficial**. Disponível em: www.b3.com.br. Acesso em: 15 out. 2024.

BERK, J.; DEMARZO, P. **Corporate Finance**. 5. ed. Edição Global [*online*]. Pearson Education, 2019.

BETA AVALIAÇÃO. **Site oficial**. Disponível em: www.betaavaliacao.com.br. Acesso em: 15 out. 2024.

BLOOMBERG. **Site oficial**. Disponível em: www.bloomberg.com. Acesso em: 15 out. 2024.

BODIE, Z.; KANE, A.; MARCUS, A. J. **Investments**. 12. ed. New York: McGraw Hill, 2021.

BRASIL. **Banco Central do Brasil**. *[S.l.]*, 2024. Disponível em: www.bcb.gov.br. Acesso em: 15 out. 2024.

BRASIL. **Tesouro Nacional**. Disponível em: https://www.gov.br/tesouronacional/pt-br. Acesso em: 15 out. 2024.

BREALEY, R. A.; MYERS, S. C.; ALLEN, F. **Principles of Corporate Finance**. 13. ed. New York: McGraw Hill, 2019.

CBOE. **Cboe Global Markets**. Disponível em: www.cboe.com. Acesso em: 15 out. 2024.

DANTHINE, J. P.; DONALDSON, J. B. **Intermediate Financial Theory**. 2. ed. Oxford: Academic Press, 2005.

DEALROOM. **Site oficial**. Disponível em: www.dealroom.net. Acesso em: 15 out. 2024.

DUBAI GOLD & COMMODITIES EXCHANGE. **Site oficial**. Disponível em: www.dgcx.ae. Acesso em: 15 out. 2024.

EFRONT. **Site oficial**. Disponível em: www.efront.com/en. Acesso em: 15 out. 2024.

ELTON, J.; GRUBER, M. J.; BROWN, S. J.; GOETZMANN, W. N. **Moderna Teoria de Carteiras e Análise de Investimentos**. 1. ed. São Paulo: Elsevier, 2012.

EURONEWS. **Site oficial**. Disponível em: www.pt.euronews.com. Acesso em: 15 out. 2024.

FABOZZI, F. J. **Mercados, Análise e Estratégias de Bônus**. Rio de Janeiro: Quality-Mark, 2000.

HARVARD BUSINESS SCHOOL. **Harvard Business School Online**. Disponível em: www.online.hbs.edu. Acesso em: 15 out. 2024.

Referências

HILLHOUSE CAPITAL GROUP. **Hillhouse Investment**. Disponível em: www.hillhouseinvestment.com. Acesso em: 15 out. 2024.

HULL, J. C. **Opções, Futuros e outros Derivativos**. 9. ed. Porto Alegre: Bookman Editora, 2016.

INFOMONEY. **Site oficial**. Disponível em: www.infomoney.com.br. Acesso em: 15 out. 2024.

INRATE. **ESG Risk Management:** An Opportunity to Embrace a Better Future. *[S.d.]*. Disponível em: www.inrate.com/blog/esg-risk-management-opportunity-embrace-better-future-2/. Acesso em: 15 out. 2024.

INSTITUTO BRASILEIRO DE GEOGRAFIA E ESTATÍSTICA – IBGE. Disponível em: www.ibge.gov.br. Acesso em: 15 out. 2024.

J. P. MORGAN CHASE & CO (Brasil). **2024 Long-Term Capital Market Assumptions**. *[S.l.]*, 2024. Disponível em: https://am.jpmorgan.com. Acesso em: 15 out. 2024.

JORDAN, B. D.; MILLER JR., T. W.; DOLVIN, S. D. **Fundamentals of Investiments:** Valuation and Management. 10. ed. New York: McGraw-Hill, 2024.

KPMG. **KPMG Brasil**. Disponível em: www.kpmg.com/br/pt/home. Acesso em: 15 out. 2024.

LIMA, B.; MOLLO, L.; ZAMBELLO, M. **E-book Análise Fundamentalista**. [*online*]: BTG Pactual *[S.d.]*.

LIVEMINT. **Site oficial**. Disponível em: www.livemint.com. Acesso em: 15 out. 2024.

LOPES, L. M.; BRAGA, M. B.; VASCONCELLOS, M. A. S. de; JUNIOR, R. T. Macroeconomia – Teoria e Aplicações de Política Econômica. 4. ed. São Paulo: Atlas, 2018.

MURPHY, J. J. **Análise Técnica do Mercado Financeiro:** Um Guia Abrangente de Aplicações e Métodos de Negociação. Rio de Janeiro: Alta Books, 2021.

NATIONAL ASSOCIATION OF REAL ESTATE INVESTMENT TRUSTS – NAREIT. REIT. Disponível em: www.reit.com.

NEUFELD, D. **Four Types of ESG Strategies for Investors**. Advisor Channel. 2021. Disponível em: https://advisor.visualcapitalist.com/four-esg-strategies-for-investors/. Acesso em: 26 fev. 2025.

PRINCIPLES FOR RESPONSIBLE INVESTMENT – PRI. **Site oficial**. Disponível em: www.unpri.org. Acesso em: 15 out. 2024.

RAPPAPORT, A.; MAUBOUSSIN, M. J. **Análise de Investimentos**. Rio de Janeiro: Campus, 2001.

ROSS, S. A.; WESTERFIELD, R.; JAFFE, J.; LAMB, R. **Administração Financeira**. 10. ed. Porto Alegre: Bookman Editora, 2015.

SHANGHAI FUTURES EXCHANGE. **Site oficial**. Disponível em: www.shfe.com.cn. Acesso em: 15 out. 2024.

SILVA, A. N. da. **Matemática das Finanças**. Lisboa: McGraw-Hill, 1993.

TECHTARGET. **Site oficial**. Disponível em: www.techtarget.com. Acesso em: 15 out. 2024.

THESTREET, Inc. Disponível em: https://www.thestreet.com/. Acesso em: 2 mar. 2025.

WAINWRIGHT, K.; CHIANG, A. **Fundamental Methods of Mathematical Economics**. New York: McGraw Hill, 2005.

WIKIPEDIA. **Site oficial**. Disponível em: www.en.wikipedia.org. Acesso em: 15 out. 2024.